U0901410

中国满族图录丛书

满族碑石

八旗满洲卷

李林 主编

下

辽宁民族出版社

目录

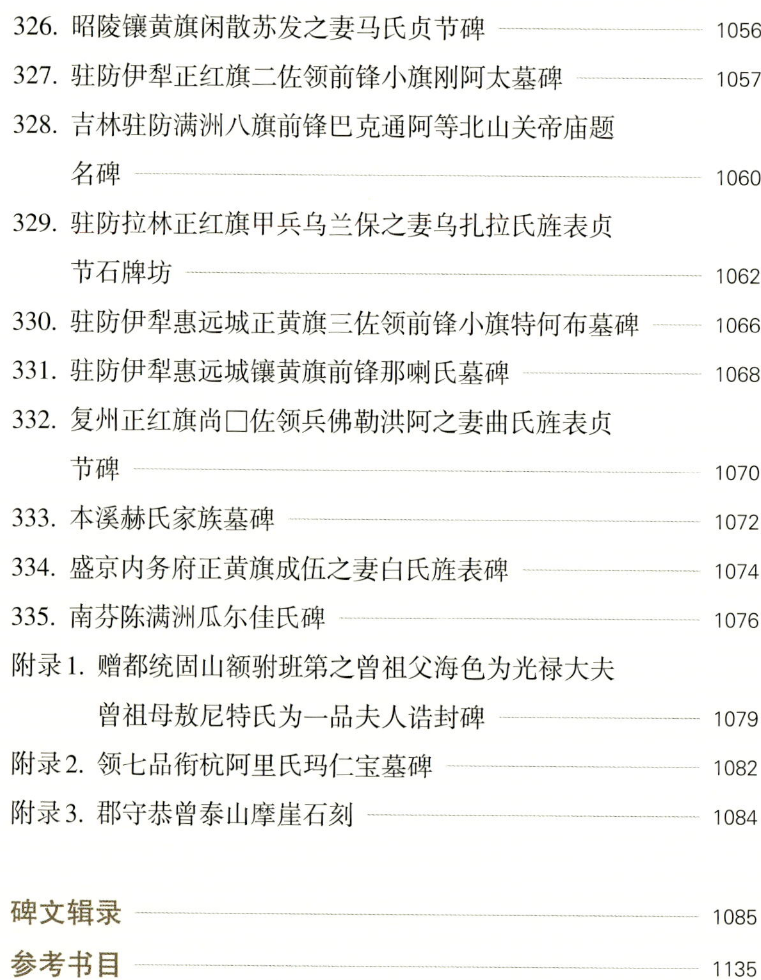

209. 内大臣工部侍郎三和墓碑

三和　纳喇氏，满洲镶白旗。世居乌喇地方，其祖那泰归附努尔哈赤。康熙三十五年（1696），出生。雍正二年（1724），由护军校授三等侍卫。乾隆五年（1740），晋一等侍卫。六年，任总管内务府大臣、户部侍郎。十年，调任工部侍郎。十四年，升任工部尚书兼议政大臣。三十二年，任内大臣。三十八年（1773），病故，享年七十八岁。赐祭葬，谥号“恪勤”。

三和墓碑　满汉文合璧，乾隆三十八年（1773）立。原址在北京市朝阳区南磨房村，今立于奥林匹克公园。

碑额

额题　满汉文“御赐”。

碑座

拓片　选自《拓本汇编》。

碑身局部（一）

碑身局部（二）

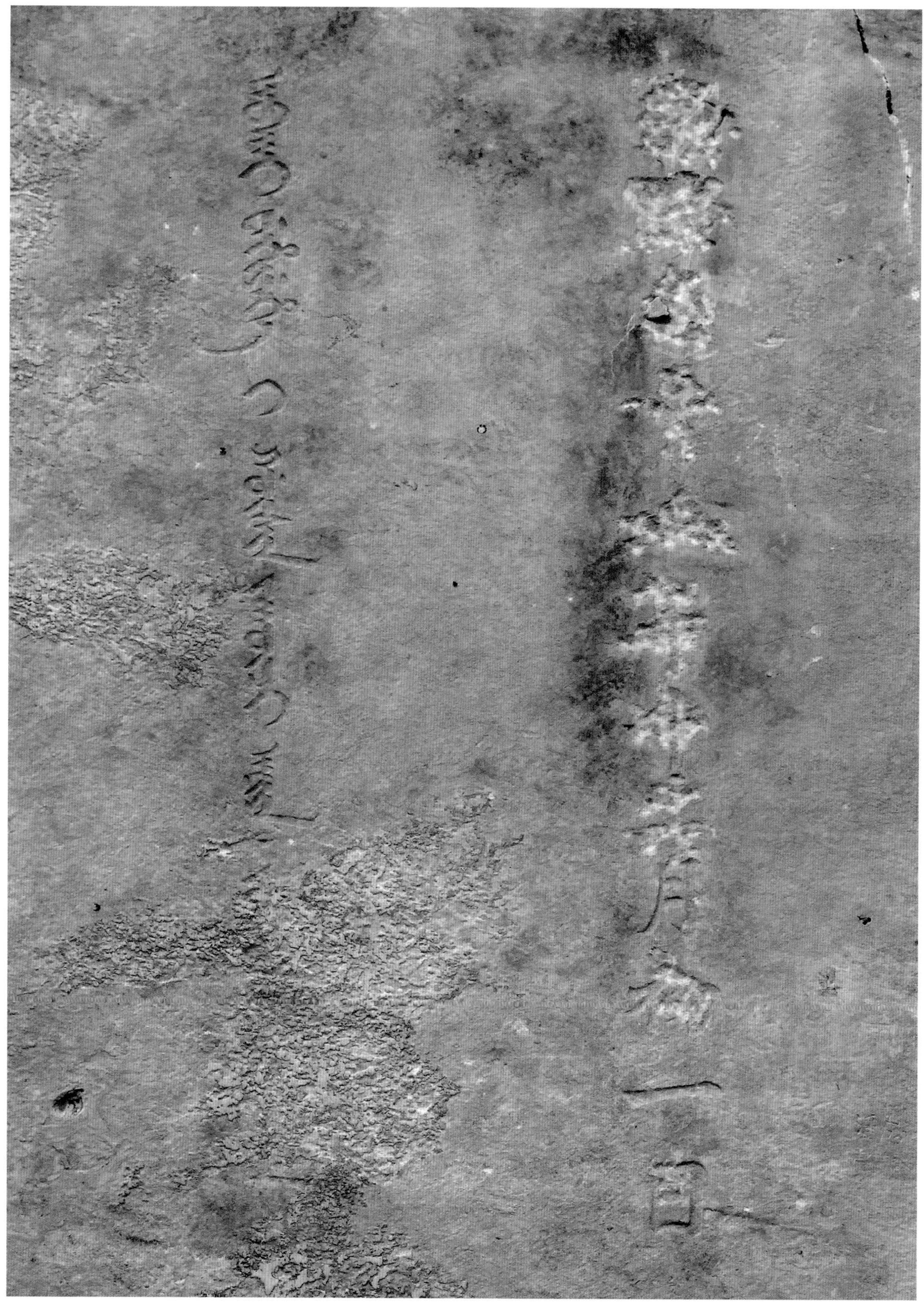

碑阴碑身局部

碑阴额题 满汉文“御赐”。

碑阴碑额

三和画像（左） 选自《乾隆皇帝的文化大业》。

210. 皇清诰赠武翼大夫阿公墓碑

阿公　阿公为吉林协领兼公中佐领巴尔巴图鲁英莱之祖父。父因子贵，诰赠武翼大夫。乾隆四十年（1775），孙英莱为其祖父立碑。

阿公墓碑　满汉文合璧，乾隆四十年（1775）立。原址在黑龙江省宁安市卧龙屯，今立于宁安市红城村。

碑身

碑额

额题 满汉文“圣旨”。

碑座

碑身局部

211. 浙江巡抚伊龄阿兰松扇面碑

伊龄阿　乾隆四十九年（1784），任工部右侍郎。五十一年三月，调任浙江巡抚；同年九月，调任兵部右侍郎。其后历任兵部、刑部、工部侍郎。六十年，在工部左侍郎任内去世。

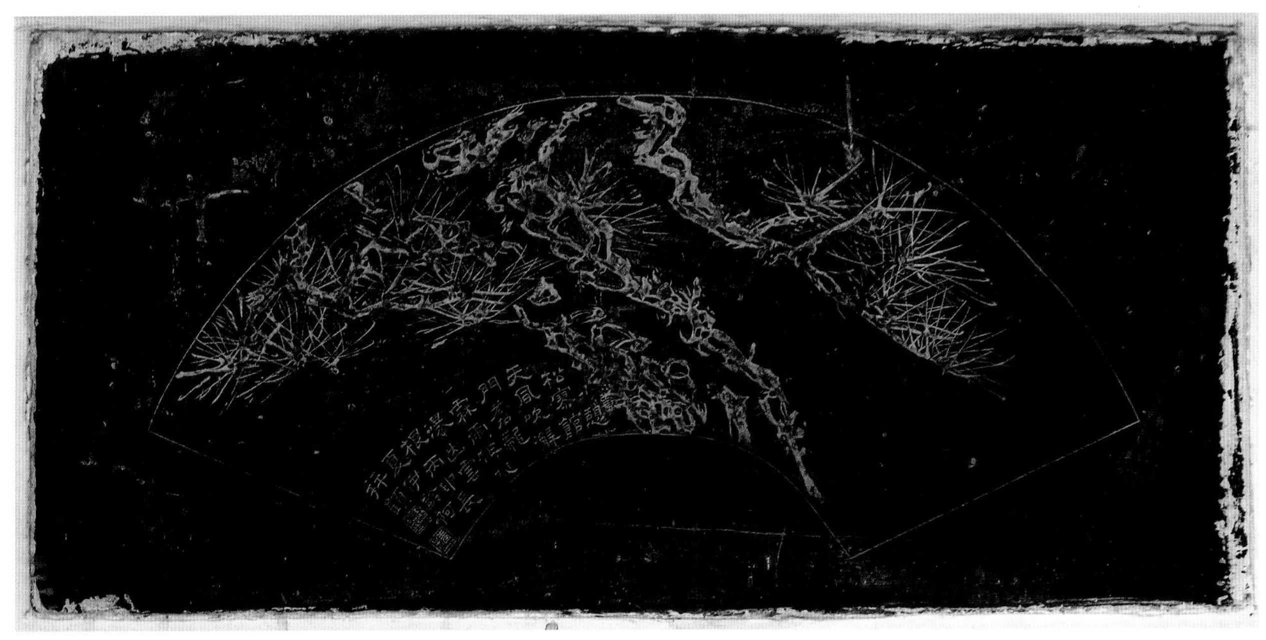

伊龄阿画松树扇面碑　汉文，乾隆四十一年（1776）绘题。今存江苏省镇江市焦山。

伊龄阿画兰花扇面碑　汉文，乾隆四十一年（1776）绘题。今存江苏省镇江市焦山。

212. 二等侍卫恩骑尉东鄂氏七十一重修墓苑碑

七十一　东鄂氏。乾隆年间，初授二等侍卫、恩骑尉世职。四十七年（1782），随乾隆皇帝东巡，期间请假回乡祭祖，重修墓园，查清祭田，并立碑记之。

东鄂氏七十一重修墓苑碑　满汉文合璧，乾隆四十七（1782）立。今立于辽宁省灯塔市树碑台村。

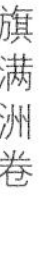

额题 满汉文“敕建”。

碑额

碑身局部

碑阴碑身局部（上）

碑阴碑身局部（中）

碑阴碑身局部（下）

碑亭

碑阴

碑座

213. 吉林将军三等果勇侯和隆武墓碑

和隆武　马佳氏，满洲正黄旗。初袭子爵，授三等侍卫，又袭佐领。乾隆三十七年（1772），从征大小金川，以功升任蒙古正蓝旗都统。四十一年，金川平定，封三等果勇侯，本佐领抬旗入正黄旗。四十三年，任宁夏将军，后调任吉林将军。四十七年，去世。赐祭葬，谥号“壮毅”。

和隆武墓碑　满汉文合璧，乾隆四十七年（1782）立。原址在北京市丰台区岳名庄小屯，今立于丰台区顺丰驾校内。

碑身

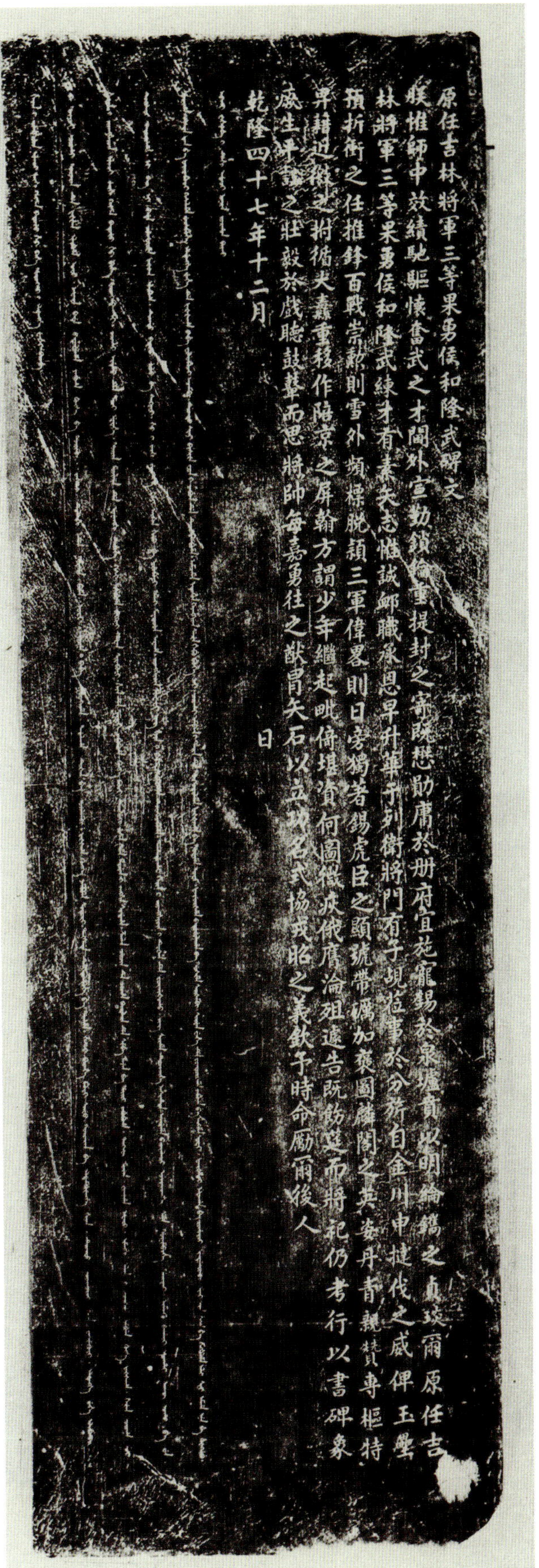

原任吉林將軍三等果勇侯和隆武碑文

朕惟師中效績，馳驅懷奮武之才；閫外宣勤，鎖鑰重提封之寄。既懋勛庸於册府，宜施寵錫於泉壤，賁以明綸，鐫之貞珉。爾原任吉林將軍三等果勇侯和隆武，練才有素，矢志惟誠，卿職承恩，早升華于列衛；將門有子，規蒞事於分符。自金川申撻伐之威，俾玉壘預折衝之任。推鋒百戰，崇勳則雪外頻標；脫穎三軍，偉畧則日旁獨著。錫虎臣之顯號，帶礪加褒；圖麟閣之英姿，丹青覯賁。專樞特畀靖邊之柄，猶夫蠹重毅作陪京之屏翰。方謂少年繼起，毗倚堪資；何圖微疾俄膺，淪殂遽告。既飭終而將祀，仍考行以書碑，象威生平之壯毅。於戲！聽鼓鼙而思將帥，每嘉勇往之猷；冒矢石以立功名，式協戎昭之義。欽予時命，勵爾後人。

乾隆四十七年十二月　日

拓片　选自《拓本汇编》。

碑额　额题难以辨认。

碑座

碑身局部（上）

碑身局部（中）

碑身局部（下）

214. 管理义州城守尉安庆等维修义州城碑

安庆　乾隆四十六（1781）、四十七年，时任义州城守尉。在任时与义州知州克升额、署义州知州永锡为修理义州城的承办人。

安庆等维修义州城碑　汉文，乾隆四十六年（1781）、四十七年修。今立于辽宁省义县奉国寺大殿内东侧。

碑额 额题汉文“千载永固”。

碑阴碑额 额题汉文“义州城工”。

東壹面
南壹面
西門往南半面
西門往北至西北角裡
外皮下十載係
乾隆四十六年修理
承辦官義川城守付文慶
義州知州克昇額

碑身

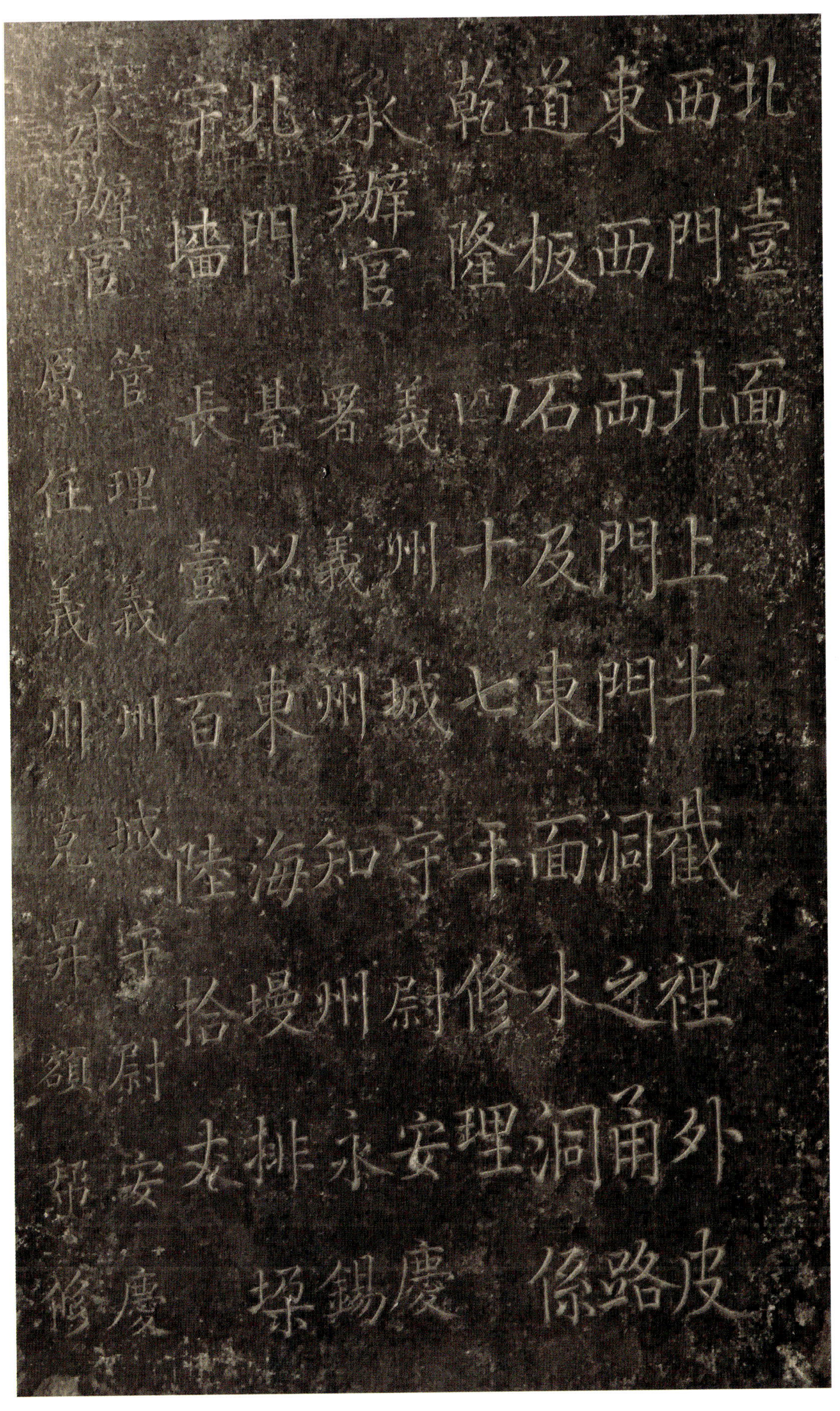

碑阴碑身

215. 乾隆帝赐浙闽总督富勒浑御笔诗碑

富勒浑　章佳氏，满洲正蓝旗。乾隆初，自举人授内阁中书，历任山西按察使、浙江布政使、浙江巡抚、湖广总督。三十八年（1773），出征金川，署四川总督。四十一年，金川平定，再任湖广总督。其后历任礼部、工部尚书，蒙古镶蓝旗都统，湖广、浙闽、两广总督。五十年，在两广总督任上纵容仆人纳贿事发，被判斩监候；五十三年，在闽浙总督任上，失察属官，被判绞监候，均为乾隆帝赦免。五十四年，以废弛玩误罪，戍边伊犁。五十五年，释放。六十一年，又遣送热河，当年放回，不久去世。

乾隆帝赐富勒浑御笔诗碑　汉文，乾隆四十九年（1784）御书。今存浙江省杭州市孔庙院内。

乾隆帝印章

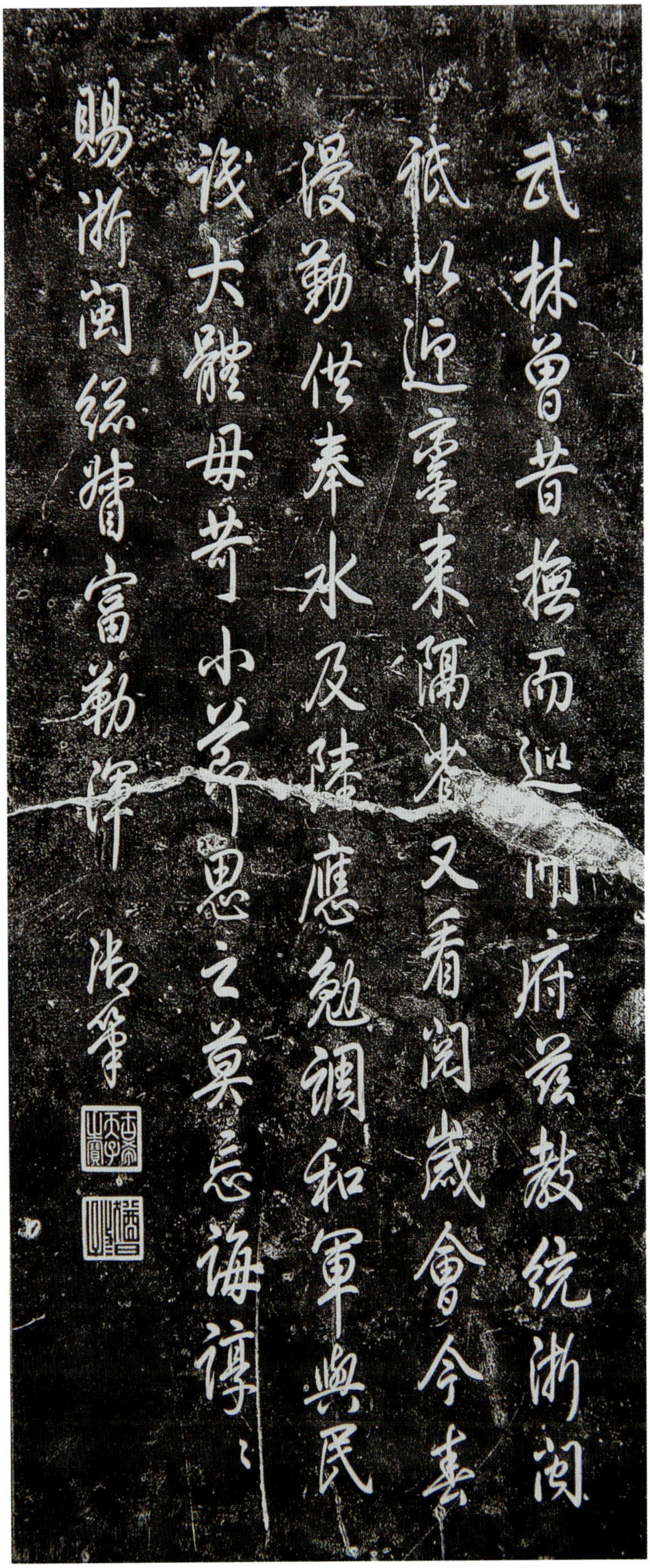

拓片　选自《杭州孔庙》。

216. 诰封通议大夫吉林驻防协领占泰墓碑

占泰　驻防吉林协领。据碑中记载，曾先后两次被赐与诰命，初授武翼大夫；赠妻尼马查氏为淑人。后封通义大夫。乾隆四十九年（1784），穆克登额为其立碑。

占泰墓碑　满汉文合璧，乾隆四十九年（1784）立。原址在吉林省吉林市东郊胡家坟，今存吉林市文庙院内。

碑额

额题 汉文“恩纶求被”。

碑阴碑额

碑阴额题 满文，汉译“恩纶求被”。

碑身

碑阴碑身

217. 诰赠武功大夫根德墓碑

根德　碑中记载，根德为诰赠武功大夫。其子孙多人为官，其中有曾任护军参领加三级的安达伯勒中阿，护军营总受赏花翎加三级记录二次的伯冲阿，三等侍卫加三级的朱勒刚阿。父因子贵而获诰赠武功大夫。乾隆四十九年（1784），子孙为其立碑。

根德墓碑　满汉文合璧，乾隆四十九年（1784）立。今立于吉林省永吉县小春登屯。

碑额

碑阴碑额

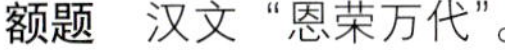

额题 汉文“恩荣万代”。

碑阴额题 满文，汉意“恩荣万代”。

碑身

碑阴碑身

218. 钦差总理西藏事务工部尚书镶白旗满军都统世袭云骑尉和琳撰并书永远遵行碑

和琳　钮祜禄氏，满洲正红旗。生于乾隆十八年（1753），和珅弟。四十二年，由文生员补吏部笔帖式，历任吏部给事中、内阁学士、兵部侍郎、汉军正蓝旗副都统。五十七年，从福康安反击廓尔喀侵略军，以功升任工部尚书、汉军镶白旗都统；受命处理西藏善后事宜。五十八年，授云骑尉世职。五十九年，调任四川总督。六十年，晋封一等宣勇伯。嘉庆元年(1796)，参与镇压贵州苗民起义，在军中病故。晋赠一等公，赐祭葬，谥号“忠壮”。

和琳撰并书永远遵行碑　碑阳为汉文，碑阴为藏文，内容与碑阳相同。乾隆五十九年（1794）立。今立于西藏自治区拉萨市大昭寺前。本图片由庞淼提供。

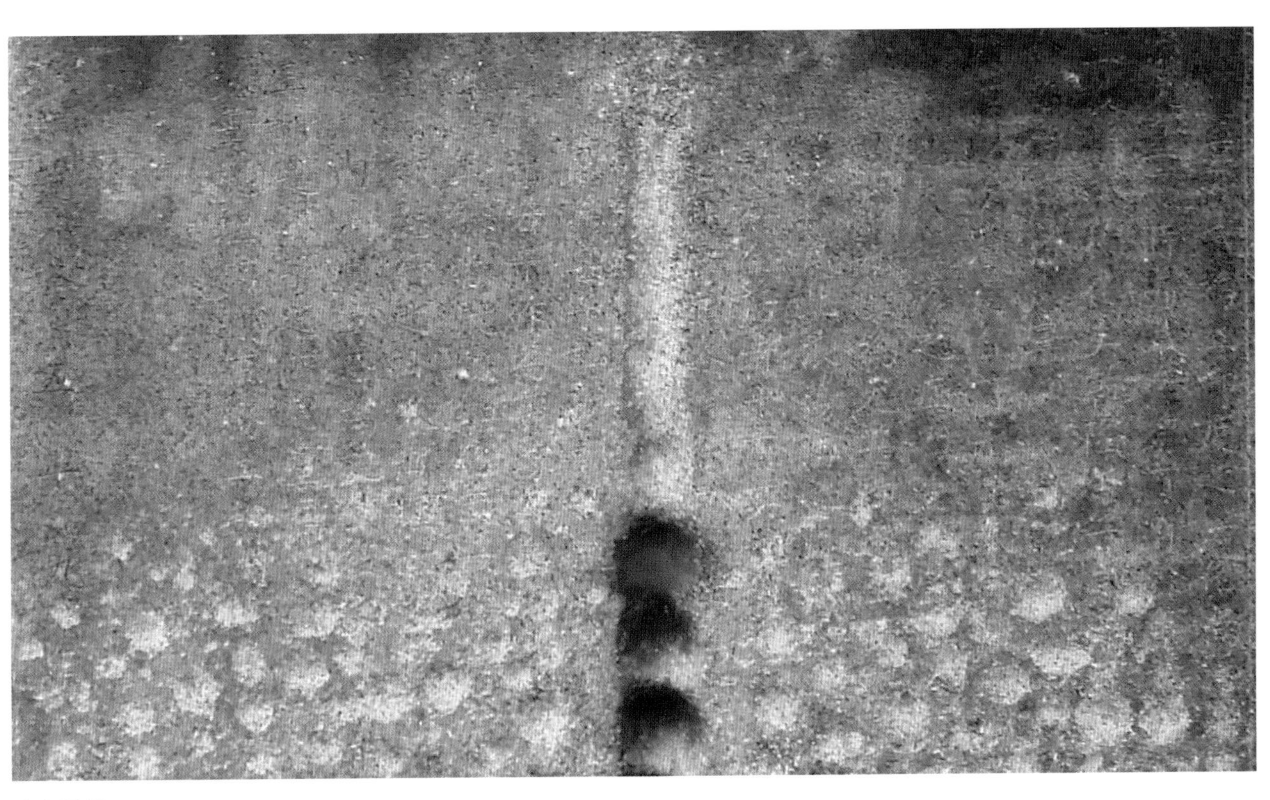

碑身局部

碑身拓片局部　选自《中国藏学》。

碑额

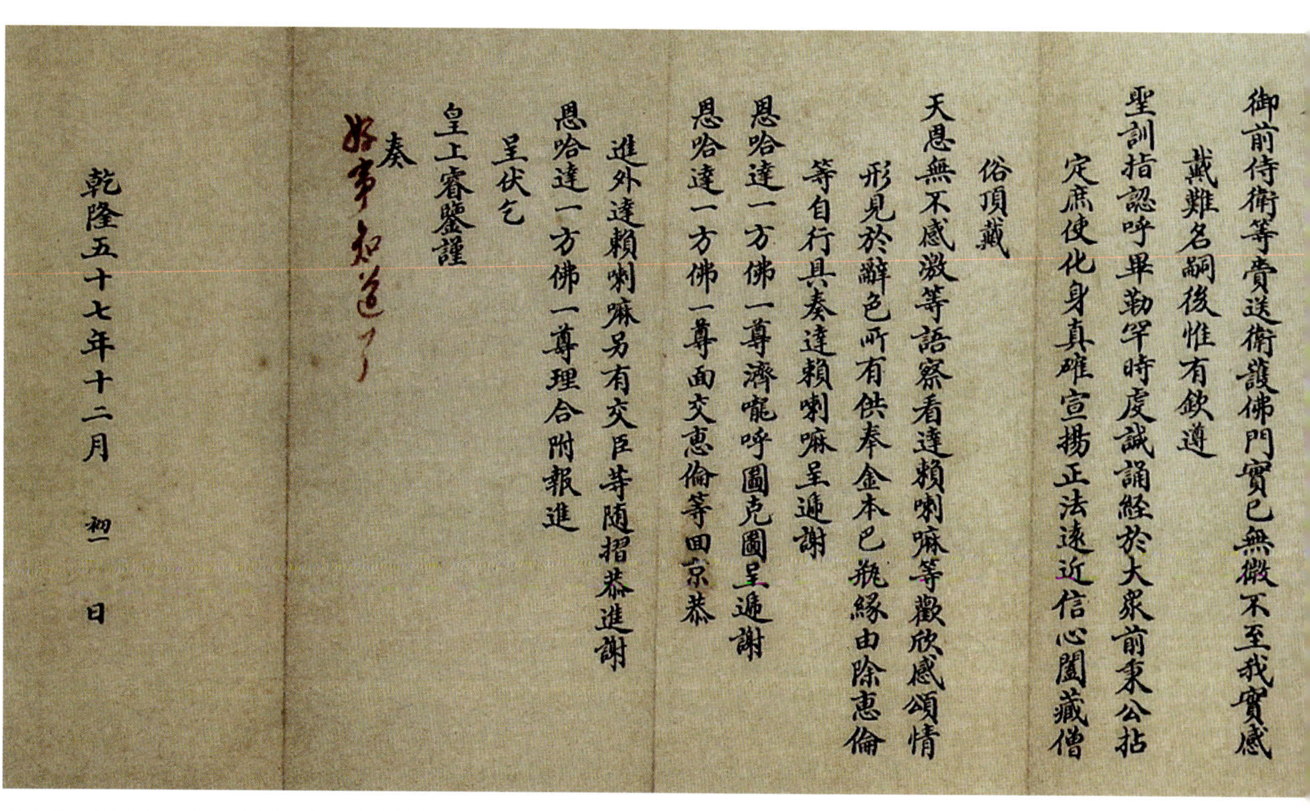

御前侍衛等賫送衛護佛門實已無微不至我實感
戴難名嗣後惟有欽遵
聖訓指認呼畢勒罕時虔誠誦經於大衆前秉公拈
定庶使化身真確宣揚正法遠近信心闔藏僧
俗頂戴
天恩無不感激等語察看達賴喇嘛等歡欣感頌情
形見於辭色所有供奉金本巴瓶緣由除惠倫
等自行具奏達賴喇嘛呈遞謝
恩哈達一方佛一尊濟嚨呼圖克圖呈遞謝
恩哈達一方佛一尊面交惠倫等回京恭
進外達賴喇嘛另有交臣等隨摺恭進謝
恩哈達一方佛一尊理合附報進
呈伏乞
皇上睿鑒謹
奏
好事知道了
乾隆五十七年十二月 初一 日

福康安、孙士毅、和琳奏报金奔巴瓶安放大昭寺折 乾隆五十七年（1792）十二月。选自《清史图典·乾隆朝》。

额题拓片　选自《中国藏学》。

额题　汉文“永远遵行”。

奏

臣福康安孫士毅惠齡和琳跪

奏為奏
聞事竊臣等前奉
諭旨令
御前侍衛惠倫
乾清門侍衛阿爾塔錫第恭齎金本巴瓶來藏惠
倫等於十一月二十日敬謹賫到臣等率同官
員官兵及濟嚨呼圖克圖率領各寺呼圖克圖
大喇嘛及噶布倫以下番目遠出祗迎達賴喇
嘛感激
聖恩先期下山在大昭等候派喇嘛等各執香花播
幢導引臣等與惠倫等恭送金本巴瓶於向來
諷誦伊羅爾經之大昭佛樓上宗喀巴前敬謹
供奉達賴喇嘛率領僧衆梵唄齋宣極為誠肅
並據達賴喇嘛稱呼畢勒罕轉世延衍禪宗闡
[illegible]

219. 诰封昭武都尉二等护卫明礼之祖洪声远墓碑

洪声远　为诰封昭武都尉、二等护卫明礼之祖父。碑中记载，其子孙多有为官者，其中二世孙“图□”任八品官，德宁任开原仓官，德魁、伊清阿等为生员。乾隆五十九年（1794），明礼等为其立碑。

洪声远墓碑　满汉文合璧，乾隆五十九年（1794）立。碑额额题“皇清”。今存辽宁省沈阳市法轮寺碑林。

碑身

碑阴碑身

碑阴碑身局部

220. 刑部尚书阿克敦玉瓮诗碑

阿克敦　章佳氏，字仲和，满洲正蓝旗。康熙二十四年（1685），出生。四十八年进士，授编修，历任内阁学士、兵部侍郎。雍正四年（1726），署两广总督兼广州将军。六年，因事被革职查办。次年，发往江南河工效力。九年，复起为额外学士协理军务。十三年，署满洲镶蓝旗副都统、署工部右侍郎。乾隆三年（1738），授正使赴阿尔泰岭，议定准噶尔与喀尔喀部以阿尔泰为界。其后历官侍郎、都统、刑部尚书、协办大学士，署步军统领，加太子少保。赐紫禁城骑马并赐御书“协中辅治”“赞元锡嘏”额匾。曾为《清圣祖实录》《大清会典》《八旗通志》《大清一统志》等书副总裁。著有《德荫堂集》。二十一年（1756）去世。谥号“文勤”。

阿克敦玉瓮诗碑　汉文，乾隆年间，刻于北京市西城区北海团城玉瓮亭东南角亭柱西面上。

碑身

阿克敦画像 选自《奉使图》。

玉瓮亭玉瓮　今存北京市西城区北海团城玉瓮亭内。

玉瓮亭　今位于北京市西城区北海团城内。

221. 兵部左侍郎鄂容安玉瓮诗碑

鄂容安　西林觉罗氏，字休如，满洲镶蓝旗。大学士鄂尔泰长子。雍正十一年（1733）进士，任庶吉士，其后任军机处章京。乾隆元年（1736），授编修，历任河南、山东、江西巡抚，两江总督，加太子少傅。任内修浚开封、归德等府河流，灌溉农田；从奉天海运粮食赈济山东灾民。二十年（1755），授西路参赞大臣，从定西将军永常出征准噶尔部，攻取新疆伊犁格登山，俘获达瓦齐。鄂容安同班第驻守伊犁。其后阿睦尔撒纳发动叛乱，围攻伊犁，力战自尽。二十一年，灵柩至京，乾隆帝亲临奠醊，谥号“刚烈”。特建双烈祠，御制诗旌之，命画像入紫光阁。

鄂容安玉瓮诗碑　汉文，乾隆年间，刻于北京市西城区北海团城玉瓮亭东北角亭柱西面上。

碑身

222. 乾隆帝赐两江总督萨载御笔诗碑

萨载　伊尔根觉罗氏，满洲正黄旗。由翻译举人授理藩院笔帖式，又任江苏苏松太道，管苏州知造，后因事被革职。不久，改任松江知府。乾隆三十年（1765），加道衔，署苏州织造。三十四年，升任江苏布政使仍兼织造。三十五年，署江苏巡抚。四十一年，任江南河道总督。四十四年，任两江总督兼署安徽巡抚。五十一年，病故，赠太子太保，赐祭葬，谥号“诚恪”。

乾隆帝赐萨载御笔诗碑　汉文，乾隆年间御题，今立于江苏省南京市原两江总督署煦园碑亭内。

赐萨载（左）与书麟（右）诗碑碑亭 今位于江苏省南京市原两江总督署煦园碑亭内。

碑身局部

223. 诰赠武翼大夫色可立宗族墓碑

色可立　其孙赉礼克曾三次出征，屡立战功，乾隆帝特赏赐孔雀翎，官秩三品，任吉林佐领，加一级记录三次。乾隆三十六年（1771）十二月十五日，因其功诰赠其祖父色可立及父皆为武翼大夫，赐予诰命；赠祖母宁古塔氏、母瓜尔佳氏为淑人；赉礼克及妻扎库塔氏俱获如祖父母、父母所封。

色可立宗族墓碑　满汉文合璧，乾隆年间立。今存黑龙江省哈尔滨市阿城区居民院中。

碑身局部

224. 中宪大夫兼二等轻车都尉额冷厄等重修义州奉国寺记题名碑

额冷厄　时任中宪大夫兼二等轻车都尉，记录一次。在任时与中宪大夫加一级业尔登、说格等众多八旗官员兵丁参与重修义州奉国寺并题名立碑。

额冷厄等义州奉国寺题名碑（右）　汉文，乾隆年间。今立于辽宁省义县奉国寺大雄殿内东侧。

碑身

碑额　汉文“重修碑记”。

碑阴碑额

碑座

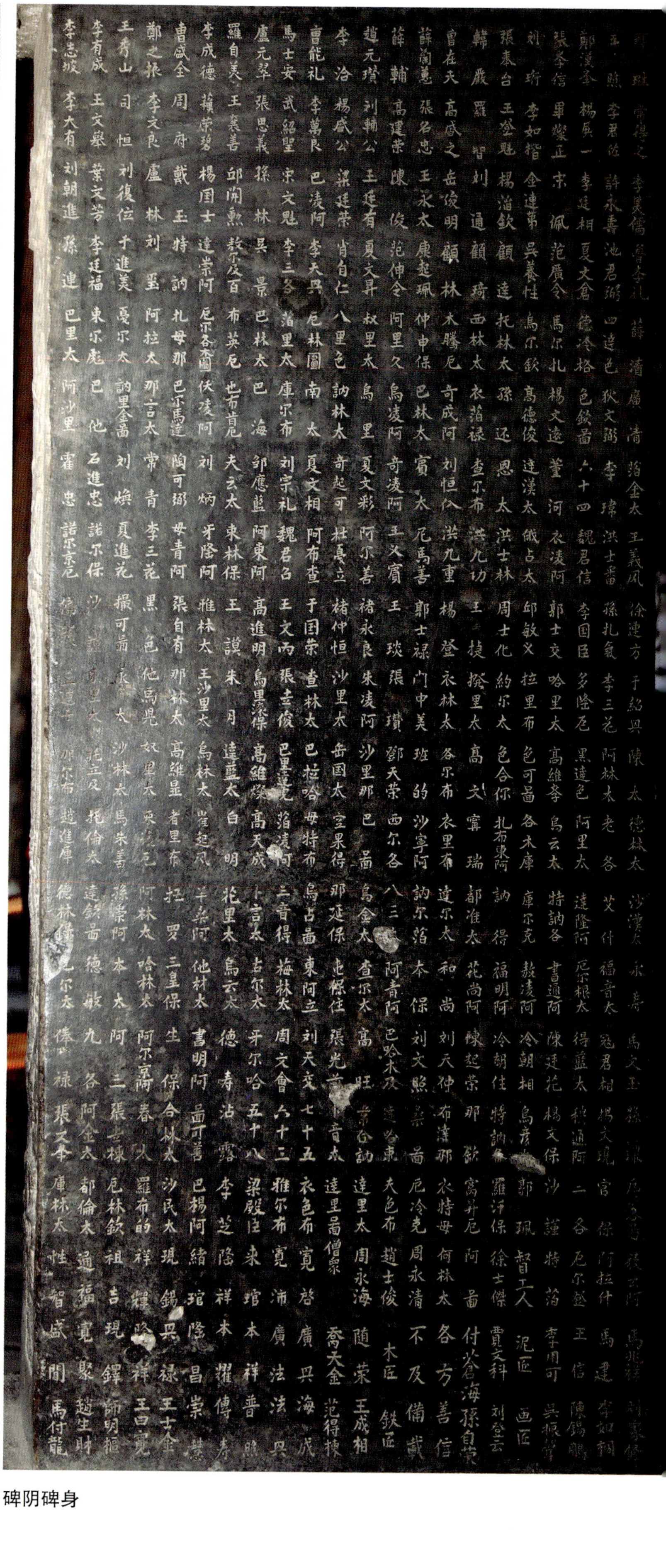

碑阴碑身

225. 钦命致祭官都察院左副都御史赓音布岱庙致祭碑

赓音布　满洲镶蓝旗。嘉庆五年（1800），时任都察院左副都御史。同年，受皇帝派遣，以钦命致祭官的身份致祭东岳泰山之神。

赓音布岱庙致祭碑　汉文，嘉庆五年（1800）立。今立于山东省泰安市岱庙。

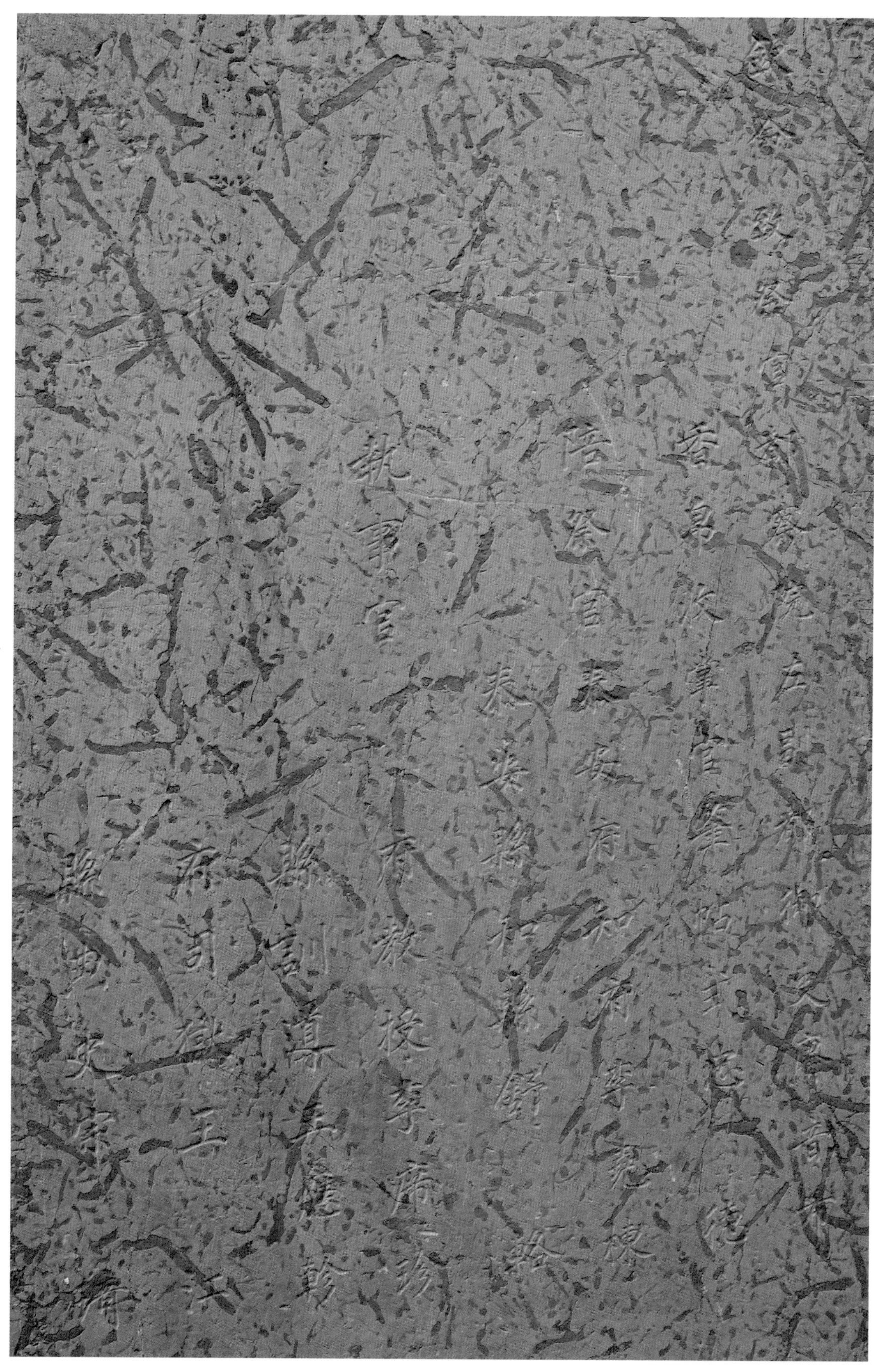

碑阴碑身

226. 经筵讲官太子太保礼部尚书镶蓝旗满洲都统德明墓碑

德明　满洲镶蓝旗。乾隆三十八年（1773），始任礼部侍郎，其后历任吏部侍郎、经筵讲官、都统。五十九年，升任礼部尚书，加太子少保。嘉庆五年（1800），去世，谥号“恪勤”。

德明墓碑　满汉文合璧，嘉庆六年（1801）刻。原址在海淀区中关村保福寺，今存北京石刻艺术博物馆。

碑身

碑座

碑额　额题难以辨认。

碑身局部

227. 泰安县知县舒辂泰山摩崖石刻（一）

舒辂　亦写作舒赂，原籍长白山。嘉庆八年（1803）时任泰安知县，任内在泰山题写摩崖石刻。

舒辂泰山摩崖石刻（一）　汉文，嘉庆八年（1803）书。今石刻位于山东省泰安市泰山崖壁。

228. 泰安县知县舒辂泰山摩崖石刻（二）

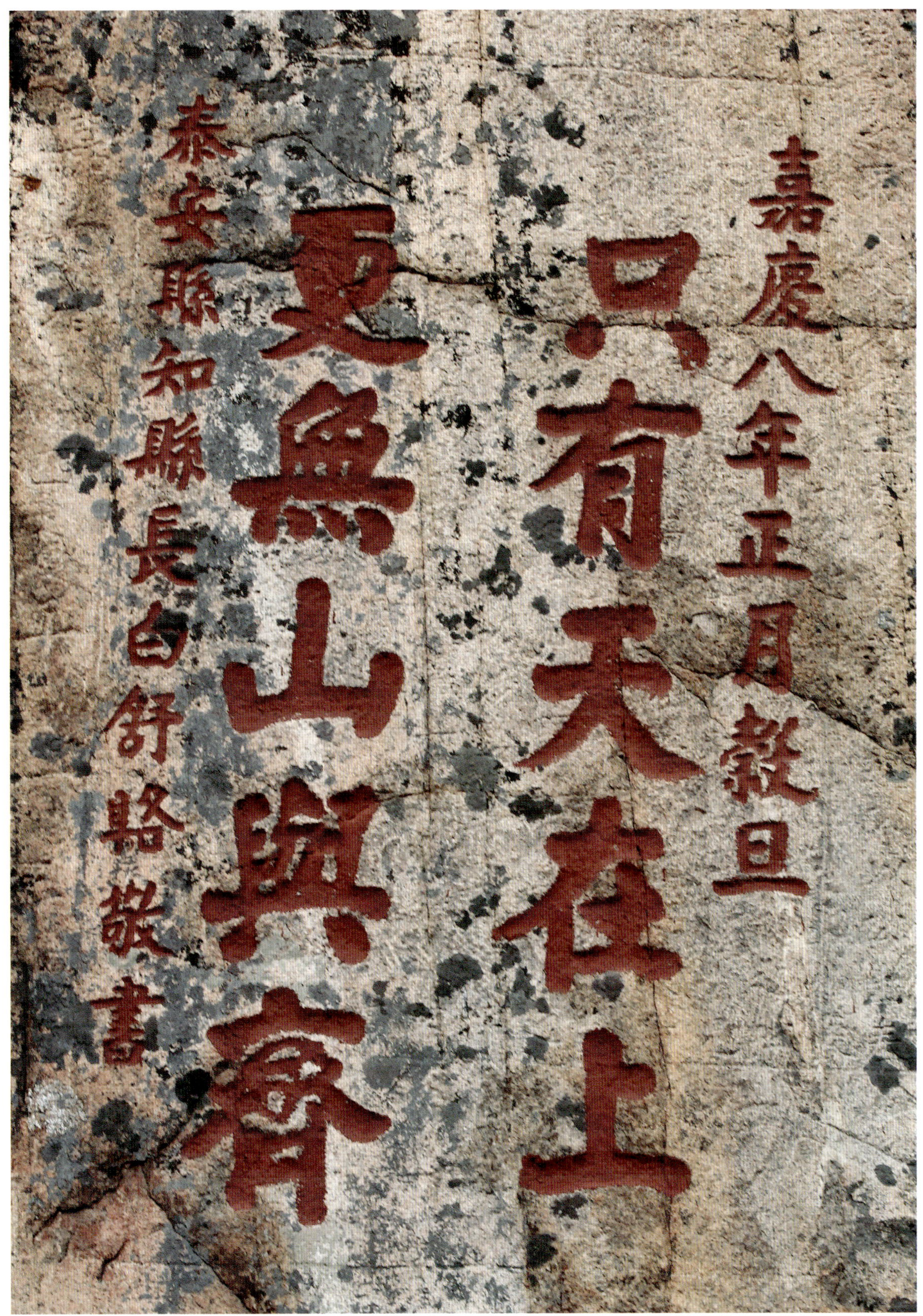

舒辂泰山摩崖石刻（二） 汉文，嘉庆八年（1803）书。今石刻位于山东省泰安市泰山崖壁。

229. 管理广宁等处防守尉军功奖赏蓝翎托永安等重修关帝庙碑

托永安　嘉庆十年（1805）时，任管理广宁等处城守尉，以军功奖赏蓝翎，记录一次。在任时与广宁县正堂穆克登布等人重修北镇邑镇堡关帝庙并立碑以记其事。

托永安等重修关帝庙碑　汉文，嘉庆十年（1805）立。今存辽宁省北镇市北镇庙院内东侧。

碑额

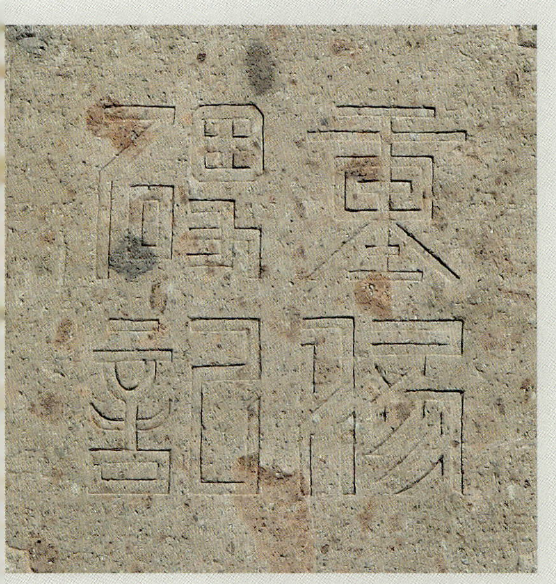

额题　汉文“重修碑记”。

碑座

碑身

碑身局部

碑阴碑身局部

230. 授太子太保兵部尚书兼都察院右都御史总督四川等处地方提督军务兼理粮饷管巡抚事一等威勤伯勒保为荣禄大夫赠妻宗室氏继妻宗室氏为一品夫人诰命碑

勒保　费莫氏，字宜轩，满洲镶红旗。乾隆三十四年（1769）以后，历任库伦办事大臣、兵部侍郎、山西巡抚、陕甘总督、云贵总督、湖广总督，加太子太保。嘉庆五年（1800）以后，历任四川总督、武英殿大学士、两江总督、管理吏部又改兵部、领侍卫内大臣、军机大臣兼管理藩院，加太子太保，晋封一等威勤伯。授荣禄大夫，赠妻一品夫人。十九年，因病离职。二十四年，病故。赠一等侯，谥号“文襄”。

勒保及妻诰命碑　满汉文合璧，嘉庆十四年（1809）制。原址在北京市朝阳门外慈云寺路北，今存北京石刻艺术博物馆。

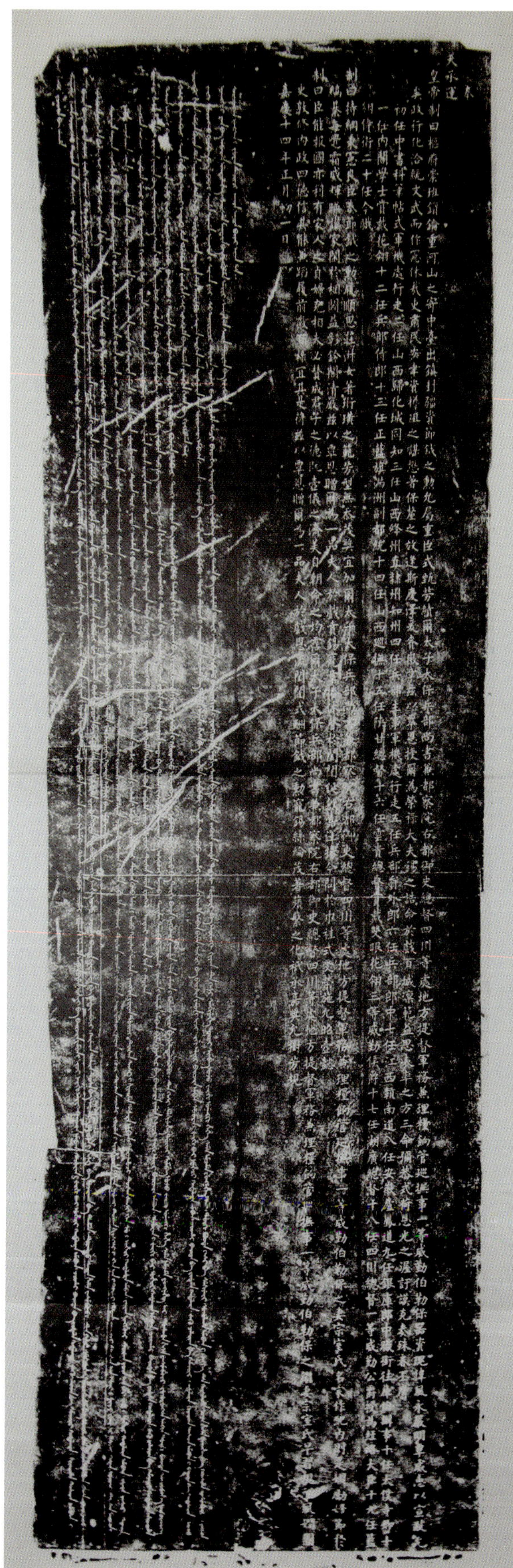

拓片 选自《拓本汇编》。

碑额

额题 满汉文“诰命”。

碑座局部雕刻

碑座

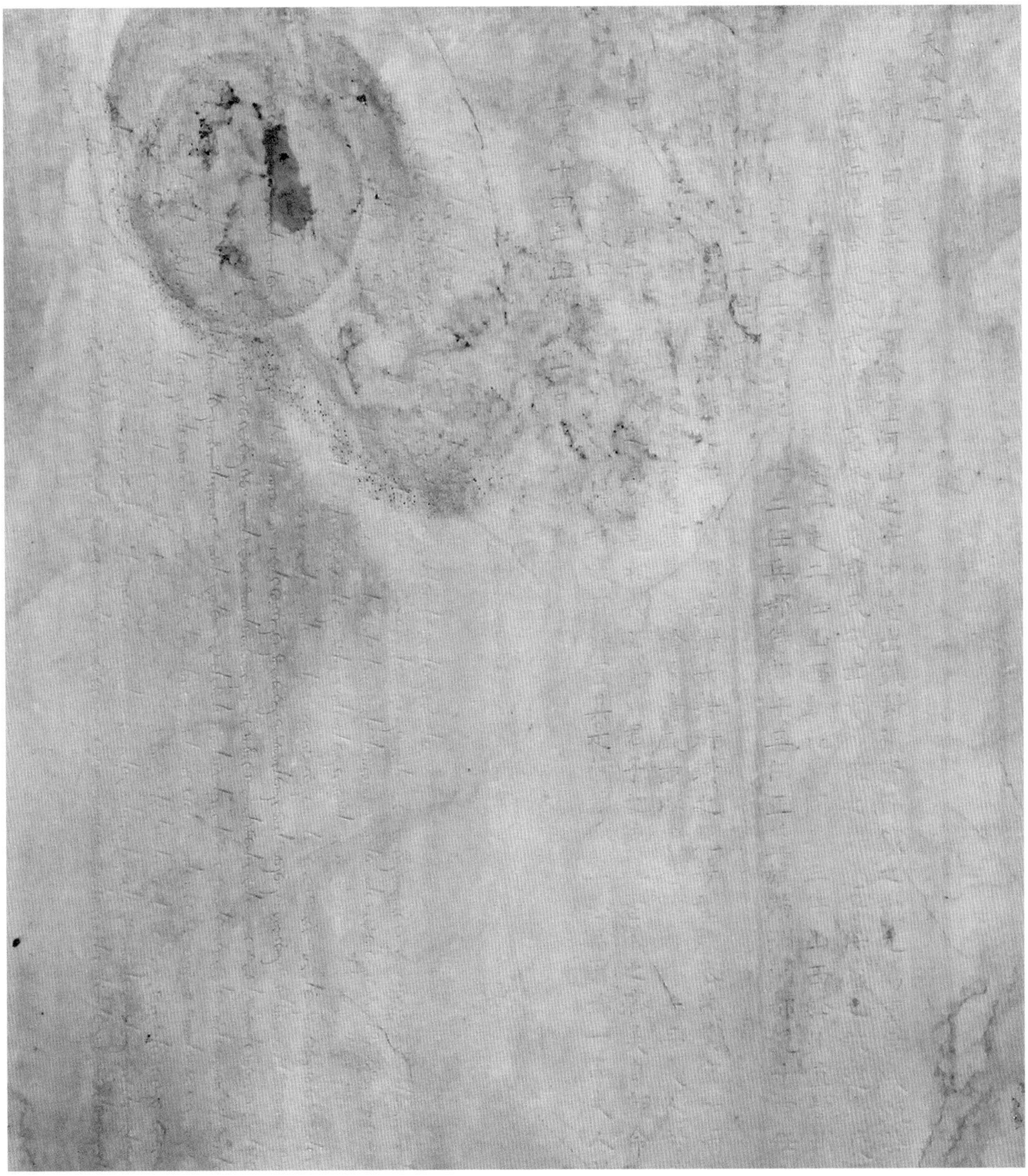

碑身局部

231. 武英殿大学士领侍卫内大臣军机大臣兼管理藩院一等威勤伯勒保墓碑

勒保墓碑（右） 满汉文合璧，嘉庆二十四年（1819）刻。原址在北京市朝阳门外慈云寺路北，今存北京石刻艺术博物馆。

碑身

碑额

额题　满汉文“敕建”。

侧面

碑身局部

碑座

232. 吏部尚书两江总督满洲都统铁保书恭建吉林万寿宫记碑

铁保　字冶亭，号梅庵，先姓觉罗氏，后改栋鄂氏，满洲正黄旗。父诚泰为泰宁总兵官。生于乾隆十七年（1752）。三十七年进士，授吏部主事，袭恩骑尉世职。后历任郎中、户部及吏部员外郎、内阁学士、礼部侍郎兼副都统、吏部侍郎。嘉庆四年（1799年），因过失转到盛京任职，不久召回任吏部侍郎，后出任漕运总督。七年，任广东巡抚，又调山东巡抚。九年，加太子少保。十年，升任两江总督。其后宦海起伏，先是被遣戍乌鲁木齐，不久任叶尔羌办事大臣、喀什噶尔参赞大臣、浙江巡抚、礼部尚书、吏部尚书。因林清事件又被革职，派往吉林。二十三年，回京任司经局洗马。道光初年，告病离职，赐三品卿衔。四年，病故，享年七十三岁。生前曾任《八旗通志》总裁，并将旗人诗文编为《白山诗介》一百三十四卷，嘉庆帝特为制序，赐名《熙朝雅颂集》。另自著《惟清斋集》。铁保是满族著名的书法家，在吉林时仍勤于临摹古法帖，刻有《惟清斋帖》。

铁保书恭建吉林万寿宫记碑（倒置）　汉文，嘉庆二十一年（1816）书。今存吉林省吉林市北山关帝庙内。

局部（右）

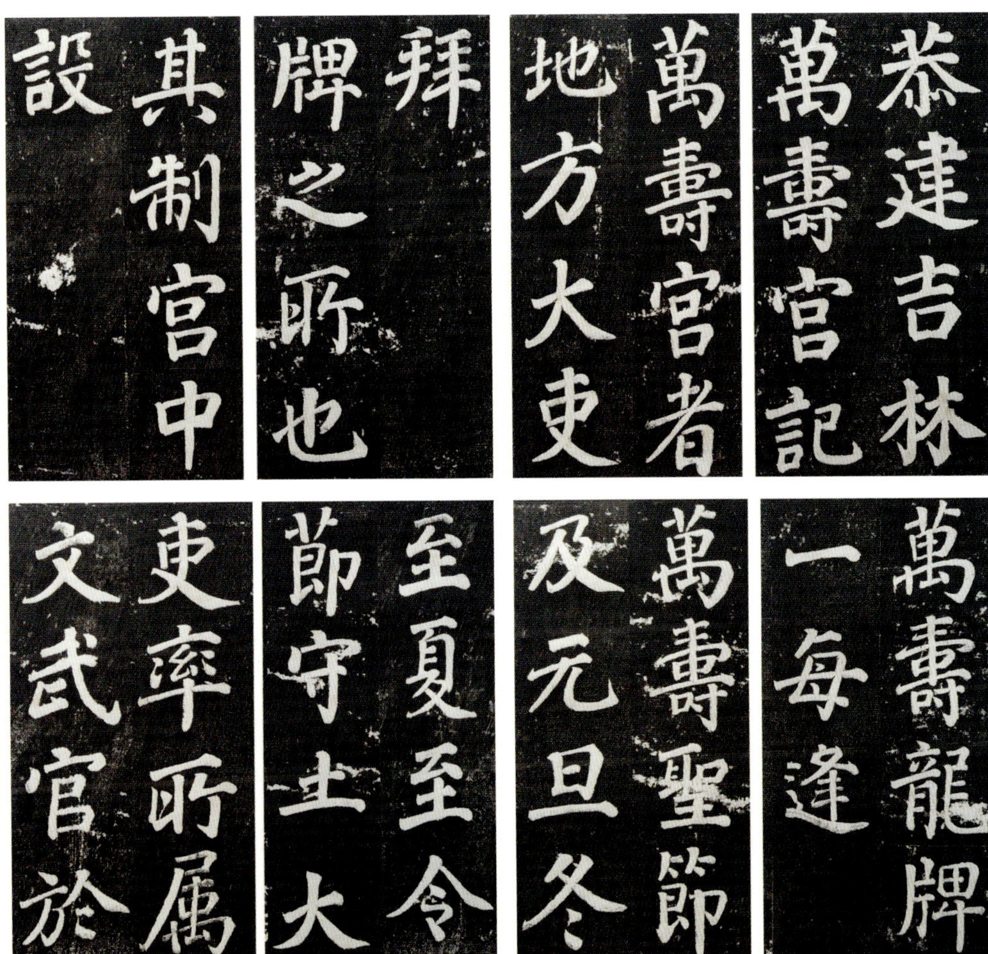

拓片（右侧局部） 吉林省吉林市图书馆藏。

局部（左）

拓片（左侧局部） 吉林省吉林市图书馆藏。

233. 吏部尚书两江总督满洲都统铁保临王献之《地黄汤帖》碑

铁保临王献之《地黄汤帖》碑 汉文，光绪年间刻。前17行刻铁保临王献之《地黄汤帖》，行书；末2行刻铁保临怀素《自叙帖》，草书。今存浙江省杭州市文庙碑廊。

铁保印章

234. 诰授昭武都尉密云驻防正白旗满洲佐领前锋参领岱明阿书栗园庄重修崇福寺碑

岱明阿　满洲正白旗，原籍长白山。嘉庆二十一年（1816），时任密云驻防正白旗满洲佐领兼前锋参领加一级，诰授昭武都尉。

岱明阿书栗园庄重修崇福寺碑　汉文，嘉庆二十一年（1816）立。今立于北京市密云区冶仙塔风景区碑林。

碑身局部（一）

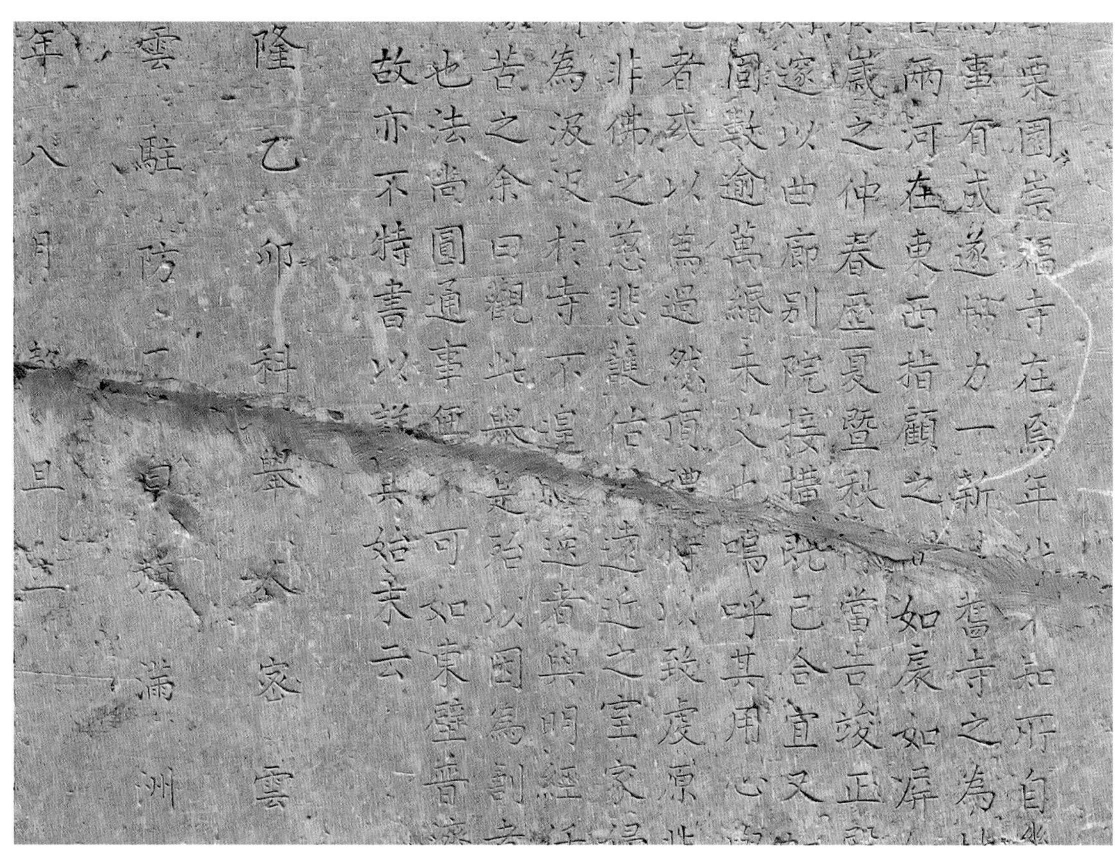

碑身局部（二）

碑身局部（三）

碑身局部（四）

235. 诰授昭武都尉密云驻防正白旗满洲佐领兼前锋参领岱明阿书重修栗园庄崇福寺碑

岱明阿书重修栗园庄崇福寺碑 汉文，嘉庆二十一年（1816）立。今立于北京市密云区冶仙塔风景区碑林。

碑额 额题汉文“万古流芳”。

碑身局部（上）

碑身局部（中）

碑身局部（下）

236. 泰安知府廷镕泰安岳庙庙产记碑

廷镕　完颜氏，满洲镶黄旗，原籍吉林长白山。祖父白衣保，康熙四十四年（1705）乙酉科副榜，历任头等侍卫兼郎中、佐领、翻书房总管。嘉庆二十一年（1816），廷镕时任泰安知府。曾官温州、台州府，署山东督粮道。

廷镕泰安岳庙庙产记碑　汉文，嘉庆二十一年（1816）立。今存山东省泰安市岱庙内。

237. 分巡河南开归陈许河务兵备道前安徽颍州徽州府知府左右春坊中允实录馆总纂兼提调官长白麟庆作修补泰山钦工石路并后石坞山径祠墓记碑

麟庆　字见亭，完颜氏，满洲镶黄旗。泰安知府廷镕之子。嘉庆十四年（1809）进士，授内阁中书、兵部主事，又改左右春坊中允。道光三年（1823），先任安徽徽州知府，又调任颍州知府，后历任河南按察使、贵州布政使、湖北巡抚、两江河道总督。二十二年，桃北决口，被革职，免罪。次年，派往东河中牟工地效力，工竣以四品京堂候补。后授二等侍卫、库伦办事大臣，但因病未能成行，不久去世。生前著有《鸿雪姻缘图记》。其子崇实、崇厚都官居高位。

麟庆修补泰山钦工石路并后石坞山径祠墓记碑　汉文，道光七年（1827）立。今立于山东省泰安市泰山升仙坊下盘山路东侧。

牟工合龍

中牟大工停緩之後過伏汛復議興舉得

旨責成鍾祥鄂順安督辦隨估工費四百五十萬兩又

因撥解需時請借内庫銀百萬荷蒙

恩允當於九月設局議仍在原處接築大壩引河内重

加挑深並於大壩下添築二壩引河上移建新挑

水壩仍修舊挑壩以資擊溢又於上游河身坐灣

處所添挑小引溝一道以備宣洩十月開工

奏委余同前帥慧秋谷名成稽查兩壩工料總理錢糧

遵卽力疾駐工督催進占臘月十八日啟放引河

牟工合龍

《牟工合龙》书影　选自《鸿雪姻缘图记》。

碑身局部（右）

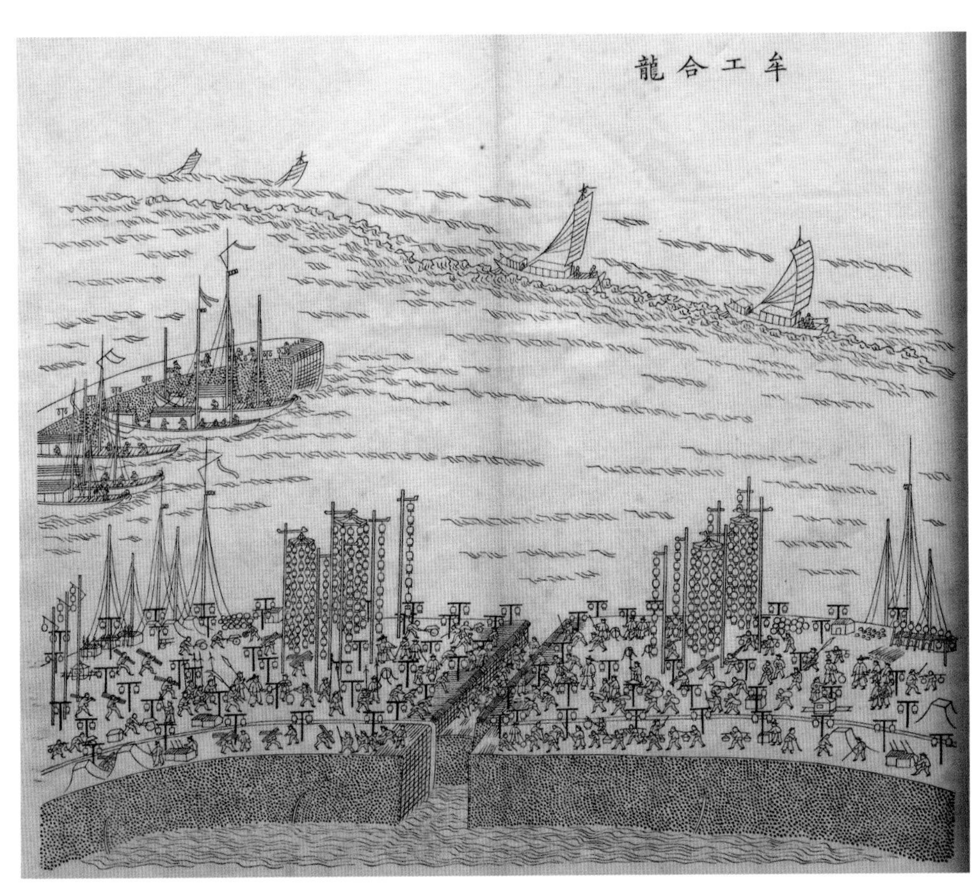

《牟工合龙》图 选自《鸿雪姻缘图记》。

碑身局部（左）

238. 署理盛京将军兼管府尹事督办奉天军务崇实撰完颜氏鲁克素家世志碑

鲁克素　完颜氏，满洲镶蓝旗包衣人。先世居宁古塔，始祖鲁克素举族归附努尔哈赤。长子瑚齐喀（胡齐哈），原任内务府总管；次子达齐喀（达齐哈），原任佐领，情愿入内务府，改隶镶黄旗包衣佐领。努尔哈赤以达齐喀任事有能力，不违旨意，特授备御，免罪一次。崇德六年（1641），皇太极出征锦州，达齐喀奉命率火器营守护粮饷，斩获明兵无数。后又以火器营总入关，子孙遂留京师。其后代历朝为官，其中不乏留保、百喜、完颜伟、麟庆、崇实、崇厚这样的朝廷重臣。

鲁克素家世志碑　汉文，光绪元年（1875）立。今立于辽宁省抚顺县东沟村西蝠窝山南麓。

碑额　额题汉文“玉音世济其美”。

碑阴碑额

碑身局部

碑身

碑阴碑身

239. 诰授资政大夫护理山东巡抚布政使司布政使纳尔经额撰重修岱顶碧霞祠记碑

纳尔经额　字近堂，费莫氏，满洲正白旗。嘉庆八年（1803），翻译进士。初任礼部主事、工部主事，后升任郎中。道光元年（1821）起，出任湖南、山东按察使。六年，升任漕运总督。其后历任湖广总督、驻藏办事大臣、驻西宁办事大臣、热河都统、直隶总督，加太子太保。咸丰二年（1852），以直隶总督兼协办大学士、文渊阁大学士，仍留总督任。在与太平军作战中失利，论斩监候。后特赦出狱，遣戍军台。次年，释放回京，以四五品京堂候补。七年，去世。

纳尔经额撰重修岱顶碧霞祠记碑　汉文，道光五年（1825）立。今存山东省泰安市泰山碧霞元君祠内。

碑身局部（一）

碑身局部（二）

240. 太子太保直隶总督纳尔经额撰莲花池增修射堂记碑

纳尔经额撰莲花池增修射堂记碑 汉文，道光二十六年（1846）撰。今存河北省保定市莲花池公园内。

碑身局部（右）

碑身局部（左）

241. 钦命兵部尚书兼都察院右都御史总督陕甘等处地方军务兼管甘肃巡抚事兼理茶马那彦成撰并书雷坛记碑

那彦成　章佳氏，号绎堂，满洲正白旗。大学士阿桂孙。乾隆二十九年（1764）出生。五十四年进士，历任国子监祭酒、内阁学士、礼部侍郎。嘉庆三年（1798）以后入军机处行走，历任工部侍郎、户部侍郎、翰林院掌院学士、工部尚书兼副都统、内务府大臣、礼部尚书、军机大臣、两广总督、伊犁领队大臣、陕甘总督、直隶总督、理藩院尚书、吏部尚书，加太子少保，三等子爵。道光元年（1821）以后，历任刑部尚书、内大臣、陕甘及直隶总督，加太子太保，绘像紫光阁。十一年，因做事有误，降至盛京礼部侍郎。十三年，病故，享年七十岁。予谥号“文毅”。

那彦成撰并书雷坛记碑　汉文，嘉庆十七年（1812）撰并书。今存甘肃省兰州市七里河区工人文化宫院内。

碑身局部（一）

碑身局部（二）

碑身局部（三）

碑身局部（四）

242. 兵部尚书兼都察院右都御史总督陕甘等处地方军务兼理粮饷管甘肃巡抚事兼理茶马那彦成撰并书重修兰州城记碑

那彦成撰并书重修兰州城记碑 嘉庆十七年（1812）撰并书。今存于陕西省西安市碑林。

243. 兵部尚书兼都察院右都御史总督陕甘等处地方军务兼理粮饷管甘肃巡抚事兼理茶马那彦成撰并书重修泉神庙记碑

那彦成撰并书重修泉神庙记碑 汉文，嘉庆十七年（1812）撰并书。今存陕西省西安市碑林。

244. 道光帝赐钦差大臣直隶总督那彦成御笔诗碑

道光帝赐那彦成御笔诗碑 道光十年（1830）御笔。道光帝御书紫光阁像赞，赐予那彦成。今存河北省保定市莲花池公园内。

碑额

额题 汉文“御书紫光阁像赞”。

碑身局部（一）

碑身局部（二）

245. 辽阳镶黄旗防御束明阿等捐资重修三官庙题名碑

束明阿　满洲镶黄旗。道光六年（1826），时任辽阳满洲镶黄旗防御，加五级，记录二十五次。任内与正黄旗防御保昌、镶红旗防御庆升等八旗官兵共同捐资重修三官庙。

束明阿等捐资重修三官庙题名碑（碑阴）　汉文，道光六年（1826）立。原址在辽宁省本溪市平山区千金社区三官庙旧址，今存本溪市碑林。

碑阴碑额拓片

碑阴碑额　额题汉文“芳名永垂”。

碑阴碑身局部

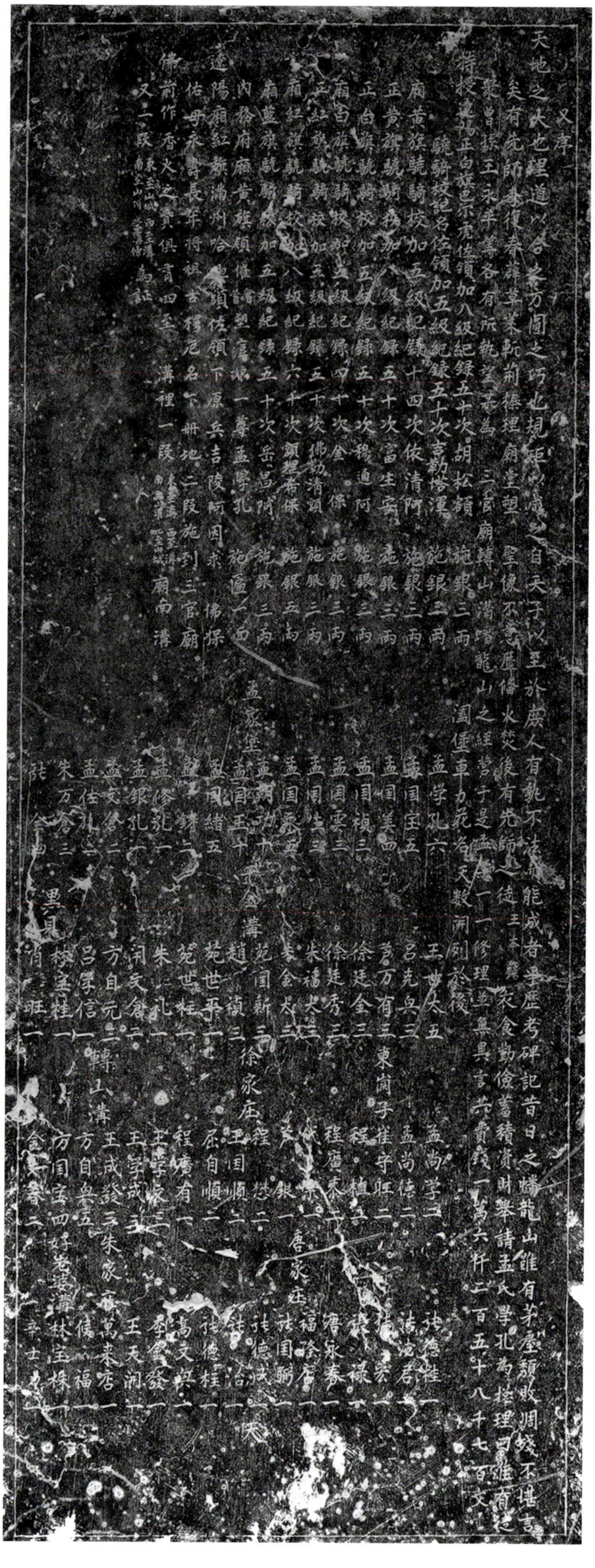

碑阳碑额

额题　汉文“于万斯年”。

碑阴拓片　选自《本溪碑志》。

碑阳碑身局部

246. 吉林满洲镶黄旗协领寿昌等敬立北山关帝庙碑

寿昌　瓜尔佳氏，满洲正红旗。嘉庆十八年（1813），以马甲从征，因镇压河南李文成农民起义军，得赏蓝翎，荐补吉林协领。道光六年（1826），参加平定新疆张格尔叛乱，因作战勇敢有功，赐号“刚安巴图鲁”及御制赞，绘像入紫光阁。九年，时任吉林满洲镶黄旗协领，后授呼兰城守尉。十一年，升任凉州副都统，又调任伊犁领队大臣、蒙古正蓝旗副都统。十五年，调任喀什噶尔领队大臣，任内因弹劾失实，戍边乌鲁木齐。二十年，去世。

寿昌等敬立北山关帝庙碑　汉文，道光九年（1829）立。碑额额题“永垂千古”，碑文右侧正文被凿磨，今已无法辨认。今立于吉林省吉林市北山关帝庙正殿左侧。

碑身局部（一）

碑身局部（二）

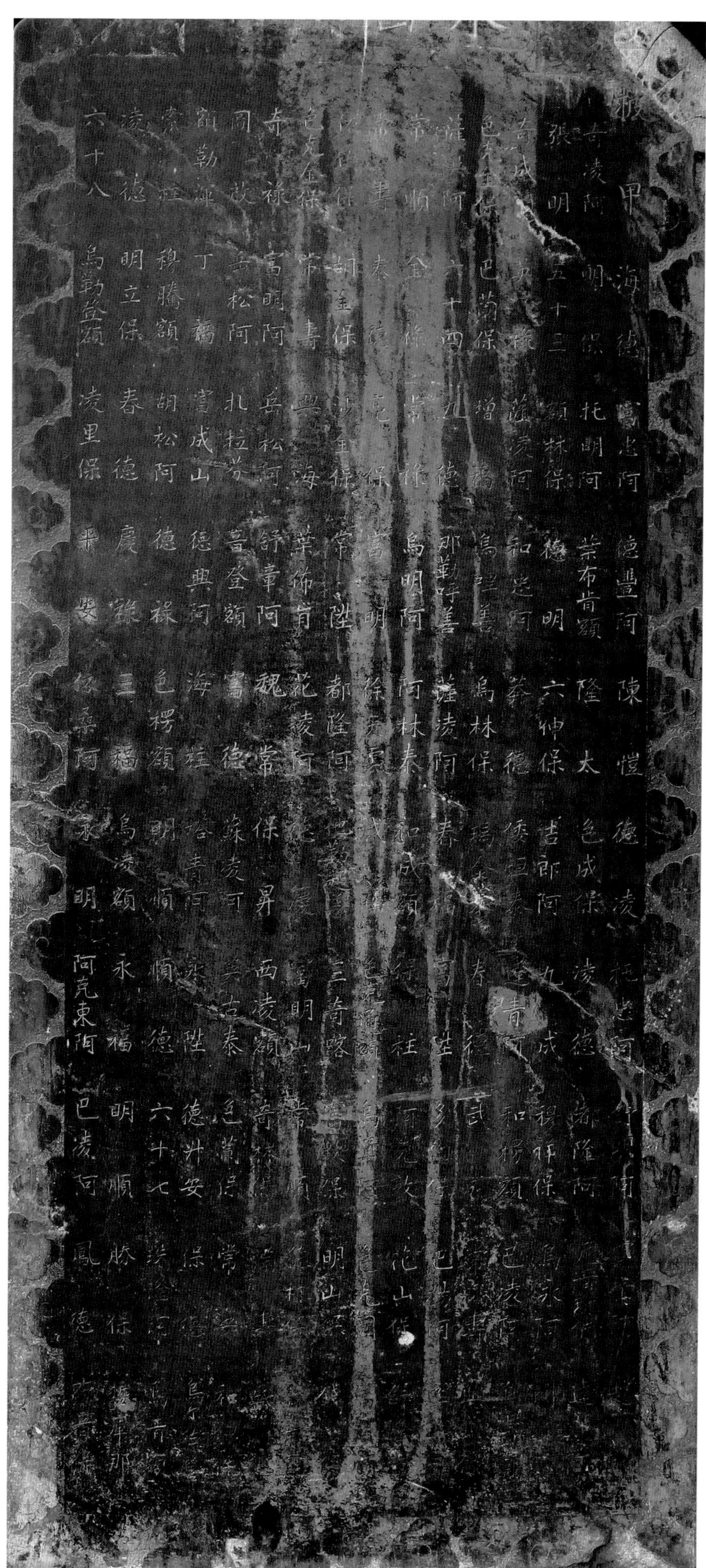

碑阴碑身

247. 驻防伊犁惠远城满营镶黄旗护军校扎勒刚阿墓碑

扎勒刚阿　满洲镶黄旗，任护军校，驻防伊犁惠远城（今霍城辖区）满营。其祖父多伦布为骁骑校，父法福里为领催。道光十一年（1831），扎勒刚阿年届五旬，奉命出征，参加平定张格尔之兄玉素甫和卓的叛乱，不幸阵亡。道光帝颁旨，追封其祖、父辈以及祖母、母、妻子等家人，推恩准其子承袭云骑尉，并拨给银两，勒石立碑。

扎勒刚阿墓碑　满汉文合璧，道光十一年（1831）立。今存新疆维吾尔自治区伊犁哈萨克自治州霍城县惠远城钟鼓楼内。

碑身

碑额 额题汉文“皇清”。

惠远城钟鼓楼

248. 钦命分巡河南河陕汝兼管驿传水利道富斌岳王庙题诗碑

富斌　道光十三年（1833），时任钦命分巡河南河陕汝兼管驿传水利道。在任时到岳王庙游览，敬题此诗，表达对秦桧的厌恶，对岳飞的惋惜之情。

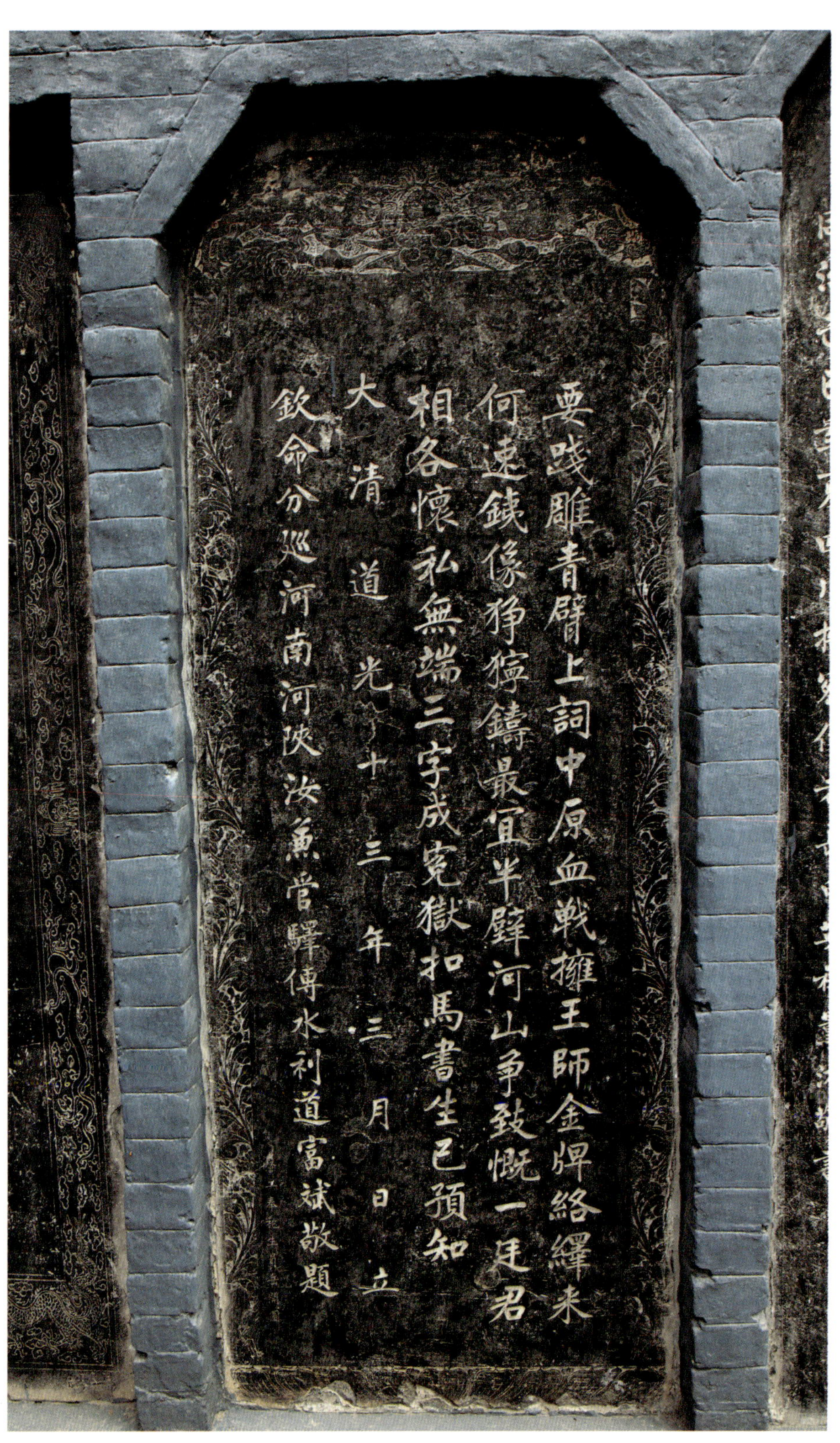

富斌岳王庙题诗碑　汉文，道光十三年（1833）立。今存河南省汤阴县岳王庙内。

249. 山东济东泰武临道宝清泰山摩崖石刻

宝清　原籍长白山，满洲正蓝旗。监生出身。道光二十年（1840）为新修的《济南府志》作序，时任职于济东泰武临道。二十一年，任广西按察使。二十五年，任甘肃布政使。二十八年，署刑部左侍郎。咸丰三年（1853），去世。

宝清泰山摩崖石刻　汉文，道光二十一年（1841）题。今石刻位于山东省泰安市泰山崖壁。

250. 晋赠太保衔致仕原任大学士文孚墓碑

文孚　博尔济吉特氏，字秋潭，满洲镶黄旗。乾隆四十六年（1781），由监生考授内阁中书。六十年，任侍读。嘉庆十一年（1806），授内阁侍读学士，历任鸿胪寺卿、通政司副使、副都统、西宁办事大臣、满洲镶白旗副都统、内阁学士、刑部侍郎、山海关副都统、马兰镇总兵、锦州副都统、军机大臣上学习行走、左都御史。道光四年（1824），加太子太保，后晋太子太傅，历任吏部尚书、协办大学士、东阁大学士管理吏部、文渊阁大学士。十五年，以病解任。二十一年，去世。谥号“文敬”。

文孚墓碑　满汉文合璧，道光二十一年（1841）刻。今立于北京市通州区北杨洼小区12号楼以北，河之南岸。

碑身

碑额

额题 满汉文“敕建”。

碑额与碑身侧面

朕惟勛隆戴斗者臣宣鈞軸之猷望杳騎箕碩輔永旂常之譽念成勞
致仕原任大學士文孚公忠佐治清慎持躬始備位於薇垣早知制誥
嚴法於西臺厥清鳩署躋棠班於南省霜肅烏臺佐都統而分簡旗營
尚書而聽履晉錫宮銜洊登宰執以持衡入參機務筦庶僚於內府領
侍講論於經筵時承顧問輝生翠羽簪纓曾荷天光榮承貴紫繮車騎之
之碩彥已逾七秩之高年鑒其剴退之情允其歸休之請俾優游而自
克享遐齡何意遽聞遺疏大星遽隕朝露堪悲舊德先彰新恩載沛家
酬庸贈太保之銜聿昭峻望宥過免銓曹之議爰復鐫階祀入賢良祠
生平於戲服官五十餘年抱皎皎素絲之亮節銜予十有六載際番番
道光二十一年三月十一日

碑身局部

251. 诰授武翼都尉协领达善等立青州旗城显忠碑

达善　诰授武翼都尉、驻防青州满洲协领。道光二十二年（1842），在江宁（今南京）驻守的青州八旗兵四百名、官员十三名，奉命移守镇江，抵御英军进犯。此时参战的英军七千人，并配有新式枪炮；镇江守军共有2400人，其中1200名是驻防当地的满洲八旗兵，四百名是青州八旗兵，且武器陈旧落后。在敌强我弱、寡不敌众的不利形势下，青州八旗将士面对英军攻城，用枪打，用石头砸，对进城的英军，手持大刀长矛，展开巷战，奋勇拼杀，重创英军。青州旗兵阵亡者六十五人，受伤者七十余人，最终撤出镇江。他们英勇顽强抗击外敌入侵的事迹，激励了国人，震惊了世界。次年，为纪念殉难将士，镇江府各界人士联合在镇江城西门里建青州驻防忠烈祠并立碑。同年，青州旗城副都统穆特恩以青州兵殉难状上陈，道光帝诏旨敕建《显忠碑》。诰授武翼都尉、左翼右翼协领达善、穆克登阿、伊琫额、贵升等奉命刻石立碑。

达善等立青州旗城显忠碑　汉文，道光二十三年（1843）刻。碑阳记载了驻守在镇江的山东青州八旗官兵英勇抗击英军侵略的事迹。原址在青州满洲八旗驻防城（北城）内，今存山东省青州市博物馆。

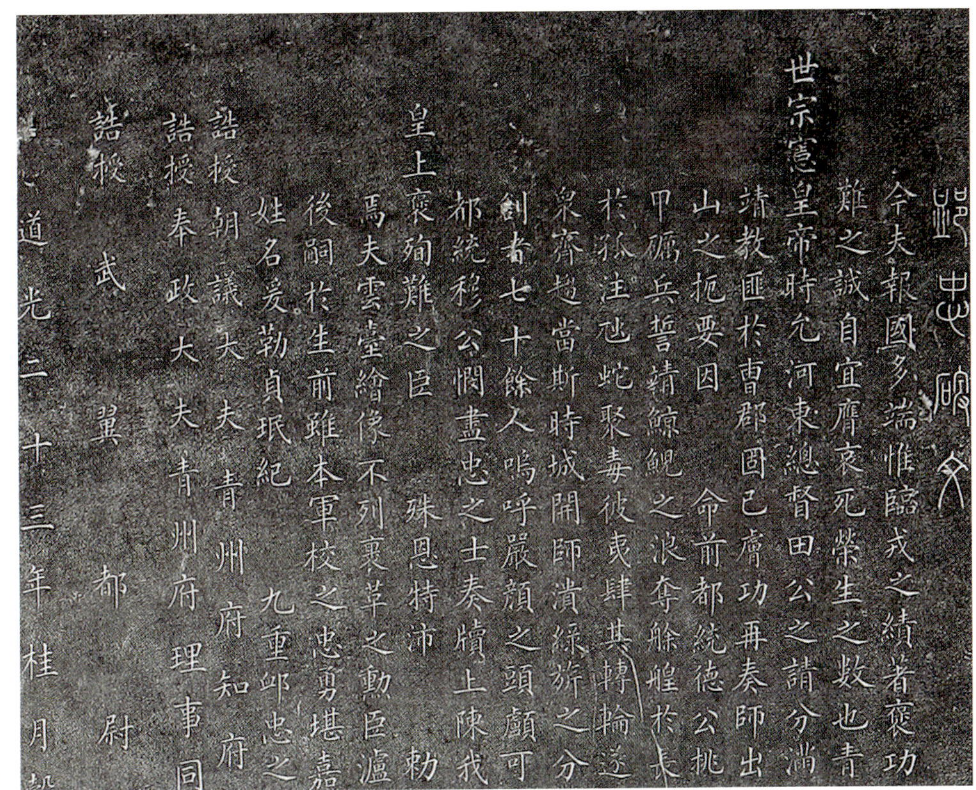

碑身局部

青州旗城显忠碑（左）
与忠烈祠碑（右）

昭忠祠文

今夫報國多端惟臨戎之績者褒功有典殉死事之恩隆是以奮不顧身弔國殤者無慚毅魄身殲北表錄功後者爰及苗裔堪慰捐軀赴

難之誠自宜膺哀死榮生之數也青州駐防者

世宗憲皇帝時允河東總督田公之請分滿洲之勁旅鎮表海之舊疆百餘年來部號撫循嫻於進剿源之將兵稱雄撫人許武穆之軍除逆尊於臨清

請教匪於曹郡國已膺功再奏師出十全懋賞頻膺華施四海矣迨道光二十二年逆夷犯順卑泉毁梁國家以江蘇為南北之籓屏江

山之扼要因命前都統德公挑選駐防精兵五百餘人赴江寧防禦詞授佐弁十三員兵四百名移守鎮江揚帆縱火勢張甚獗之獼猴

甲厲兵誓請鯨鯢之浪奪艅艎於長鯨業已沉彼五舟訊馘酋之頭雖且將殲其群醜相持七八晝夜頻突千萬烽煙乃以貔虎無援我軍等

於孤注逃蛇聚毒彼夷肆其轉輪遂反客主之形莫申華夷之辨始則千群火雉焚燬房之營繼則百道雲梯竟毀睢陽之郭甕封失守賊

衆齊起當斯時城開師潰綠旗之分莫何歸巷戰寇深丹郡之慶兵獨苦空拳張虔振臂齊呼飲血泣時結纓不亂於是陣亡者六十有五受

創者七十餘人嗚呼嚴顏之頭顱可斷誼無或降田橫之義士偕亡人誰乞活是非知方之訓裕於平時奚至慕徐之隆同歸一轍哉今

都統彩公憫盡忠之士奏牘上陳我

皇上褒殉難之臣殊恩特沛敕建昭忠祠春秋享祀錄死事者子弟補官校馬甲有差并給寡婦錢糧終身典至重也恩尤隆

焉夫雲臺繪像不列裹革之勳臣瀘水用師莫卹征蠻之將士一時缺典千載興嗟若茲之牽祀特崇既慰忠魂於地下匪須從厚役卹

後嗣於生前雖本軍校之忠勇堪嘉實由朝廷之軫衿獨至也廷揚來守茲土適際其時憫殉節之艱貞詳其顛末恐歷時之久湮沒其

姓名爰勒貞珉紀九重卹忠之典永垂青簡勵三軍挾纊之恩

誥授朝議大夫青州府知府軍功加三級紀錄十二次李廷揚撰

誥授奉政大夫青州府理事同知軍功加二級紀錄十次慶福篆

誥授武翼都尉左翼協領[illegible]右翼協領[illegible]同八旗官員等勒石

道光二十三年桂月穀旦候選布政司理問羅德淵書

碑身

碑阴碑身 刻有部分阵亡官兵名册。

252. 诰授武翼都尉驻防青州满洲协领穆克登阿等抄刻江苏镇江府建立青州驻防忠烈祠碑

穆克登阿　道光二十五年（1845），时任诰授武翼都尉、驻防青州满营协领。任内与达善、伊琫额、贵升等满营八旗官员勒石立碑。

穆克登阿等抄刻镇江府建立青州驻防忠烈祠碑文碑　汉文，道光二十五年（1845）立。碑阳记载了驻守在镇江的山东青州八旗官兵英勇抗击英军侵略的事迹。原址在青州八旗驻防城内，今存山东省青州市博物馆。

鈔刻江蘇鎮江府建立青州駐防忠烈祠碑文有後跋

道光壬寅九月余以松江府調權鎮江府事時咲夷甫就撫未入境即[illegible]偕青州駐防[illegible]城血戰事及見郡紳士亦皆以此為言且惜其勢分援絕不
獲併命沙場以成蕩寇滅賊之功為可痛也先是夷船據舟山江南沿海[illegible]兵素號驍健調戍江南省城者數月繼以夷船駛入長江鎮郡
為南北咽喉要地則移駐郡之東馬頭以守礮臺東馬頭在象山之麓[illegible]以由使青州兵四百人得併力於此憑象山之險開礮轟擊勝負正未可知
乃以寇氛漸逼都統令入城分守四門門各百人遂致勢不相救北城有[illegible]北固山相對俗呼十三門者獨無青州兵防守夷人即由此植梯而登城遂以陷
城陷之日死者前鋒校三員領催三名前鋒十三名馬甲四十六名遠近聞之俱為隕涕聞賊之陷城也為六月十四日天將午火箭齊發東西北三城樓俱被焚
燒賊乘勢蜂擁他守兵以千數皆震慴獨青州兵奮勇格殺至血積刀柄滑不可持尚大呼殺賊呼未已而賊之由十三門登者已蜂擁蟻附而至猶復短兵相接
騰擲卷戰擊斃賊且數十百人直至全軍盡潰力不能支始奪門以出嗚呼使守城者盡如此之奮不顧身又安見賊之終不可禦城之終不可保而徒使驍勁果
勇之士不旋踵而悉膏賊斧豈非夷人之幸而鎮城居民之大不幸乎昔張巡守睢陽城九月城中兵民知必死無一畔者城破同死尚有三十六人青州弁兵何
以異此此以見忠義之氣之常存於天壤間也抑又聞自軍興以來調防兵多為民病獨青州兵與民相親愛民恃以無恐故戰死而民思之不置禮有之曰有功
於民則祀之以死勤事則祀之郡之人立廟於城西門內享祀以時余謂其有合於禮也爰為之立石詳書死者姓名於碑陰非獨國殤之魂得所憑依且以使荷
戈執盾者經過俯仰有以作其慷慨同仇之氣頑廉懦立詎不有賴於斯與於是乎書時
大清道光二十三年歲在癸卯夏六月吉日
賜進士出身
誥授朝議大夫署鎮江府事松江府知府畿南崔光笏撰　鎮江府教授蔣[illegible]曾　丹徒縣教諭阮師龍　鎮江府經歷趙秉佶　丹徒縣主簿王治溥
敕授文林郎鎮江府丹徒縣知縣光山王德茂書　鎮江府訓導陸嵩　丹徒縣訓導張啓光　鎮江府知事王興榮　丹徒縣典史方蘭實
歲貢生張祥圖　舉人閔炳榮　廩生戴棠　舉人趙增　舉人蔡嵩年
生員李之湙　生員韓埛　增生王元吉　廩生趙彥俞　副貢生韓兆元
增生王保　增生李大同　廩生章烜　舉人趙彥修　舉人趙[illegible]猷　呈建
拔貢生楊檠　廩生李昌齡　廩生楊彭齡　廩生錢萬選　廩生張春第
道光二十五年春二月吉日
誥授武翼都尉駐防青州滿營協領穆克登阿　達善　伊臻額　貴陞　仝八旗官員立石
敕[illegible]佐郎青州滿營左翼筆帖式多善鈔書

碑身

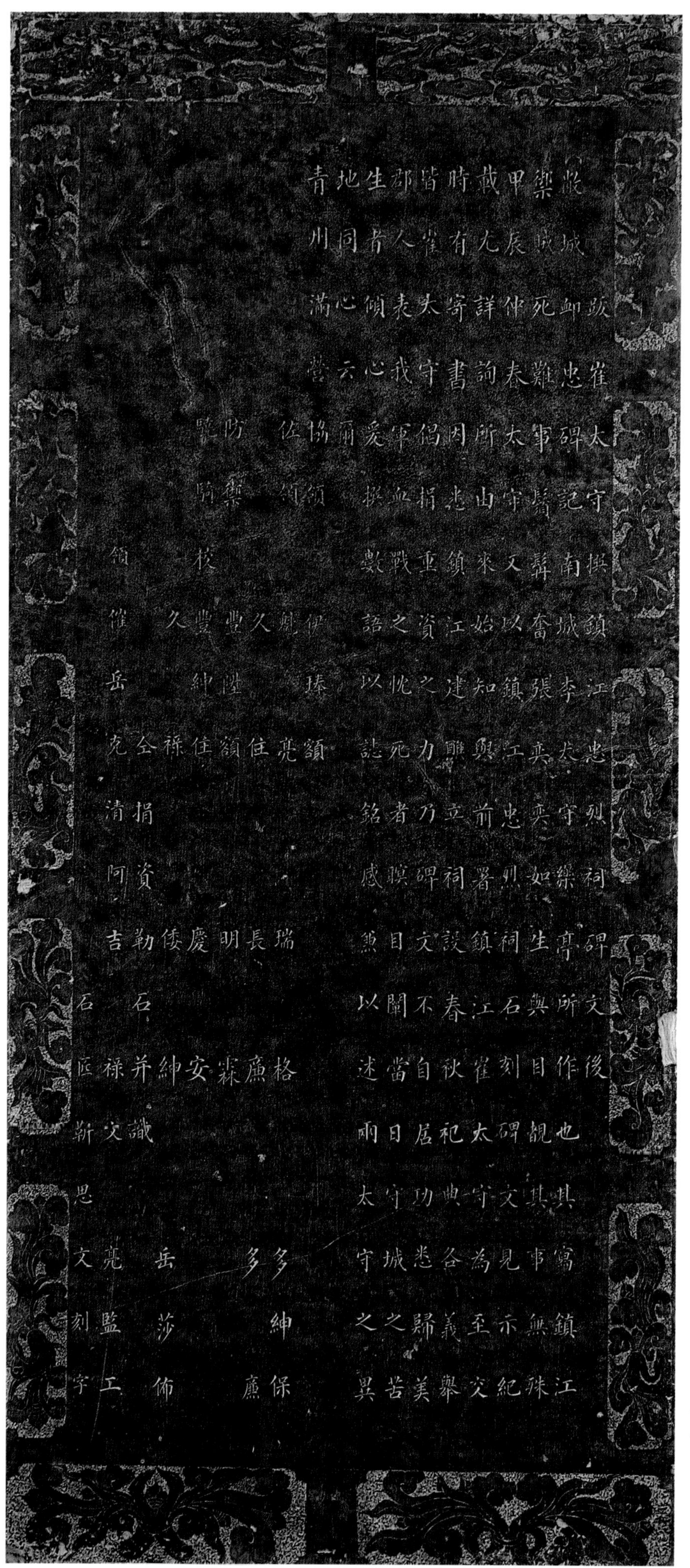

碑阴碑身 叙述镇江忠烈祠碑立碑经过并赞誉镇江官民的义举。

253. 镇江市重立忠烈祠碑

镇江重立忠烈祠碑　汉文，2002年重立。今立于江苏省镇江市烈士陵园纪念碑西侧忠烈亭内。原址在江苏省镇江城西门内月城忠烈祠，道光二十三年（1843）立。碑阳记载了驻守在镇江的山东青州八旗官兵英勇抗击英军侵略的事迹。该碑抄刻于青州道光二十五年立的“抄刻镇江府建立青州驻防忠烈祠碑文碑”。

碑阴 刻有部分阵亡官兵名册。

重立忠烈祠碑记

一八四二年镇江军民抗英保卫战，是第一次鸦片战争的重要一役。是年七月，英国侵略军为了切断漕运，扼杀交通咽喉，迫使清廷乞降求和，大举进犯镇江。驻防镇江的清军不畏强敌，奋起抗击。七月十三日，英舰抵镇江东江面，遭到圌山、象山等炮台和郊外清军迎头痛击。七月二十一日，英军分三路攻城，以青州兵为骨干的守军浴血鏖战，殊死拼杀；当敌攻破防守较弱的十三门后，又坚守巷街，腾挪街巷。奈因寡不敌众，城被攻陷，副都统海龄及守署将士壮烈殉国。革命导师恩格斯在《英人对华新远征》一文中断言："如果这些侵略者到处都遭到同样的抵抗，他们绝对到不了南京。"

一八四五年，清镇江知府崇光督邑人于西门内建忠烈祠并立碑，后因兵燹，祠碑俱毁。为追怀忠魂，警示后世，弘扬爱国精神，激励奋发图强，值此鸦片战争镇江保卫战一百六十周年之际，特在十三门旧址建忠烈亭，重立忠烈碑，和青山与大江一起永远见证那场可歌可泣的爱国壮举。

镇江市关心下一代工作委员会
镇江市烈士陵园
二〇〇二年七月二十一日

重立忠烈祠碑记

碑亭

254. 光禄大夫头等阿思哈尼哈番管佐领事桑哥曾祖诰命碑

桑哥 光禄大夫、头等阿思哈尼哈番加一级管佐领事。顺治十四年（1657），桑哥为其曾祖立碑，记录了曾祖曾得恩施诰命。庆住，桑哥之孙，满洲镶蓝旗人，任参领。道光二十二年（1842），庆住由镶白旗汉军副都统升任盛京副都统到任后，见碑文已模糊不清，次年按照原碑重刻。

桑哥曾祖诰命碑 满汉文合璧，顺治十四年（1657）立。重刻于道光二十三年（1843）。碑文漫漶，难以辨认。今存辽宁省沈阳市法轮寺碑林。

碑额 额题汉文“遗德恢宏”。

碑座

255. 陕西知府鄂恒撰书恒慈上人行实碑

鄂恒　字松亭，伊尔根觉罗氏，满洲正黄旗。道光六年（1826）进士，改庶吉士，授编修，累官至陕西知府。著有《求是山房集》《味雪斋诗抄》。

鄂恒撰书恒慈上人行实碑　汉文，道光二十三年（1843）后刻。原存于北京市东城区椿树胡同二十七号，今存北京石刻艺术博物馆。恒慈上人曾是潭柘寺主持。

印章

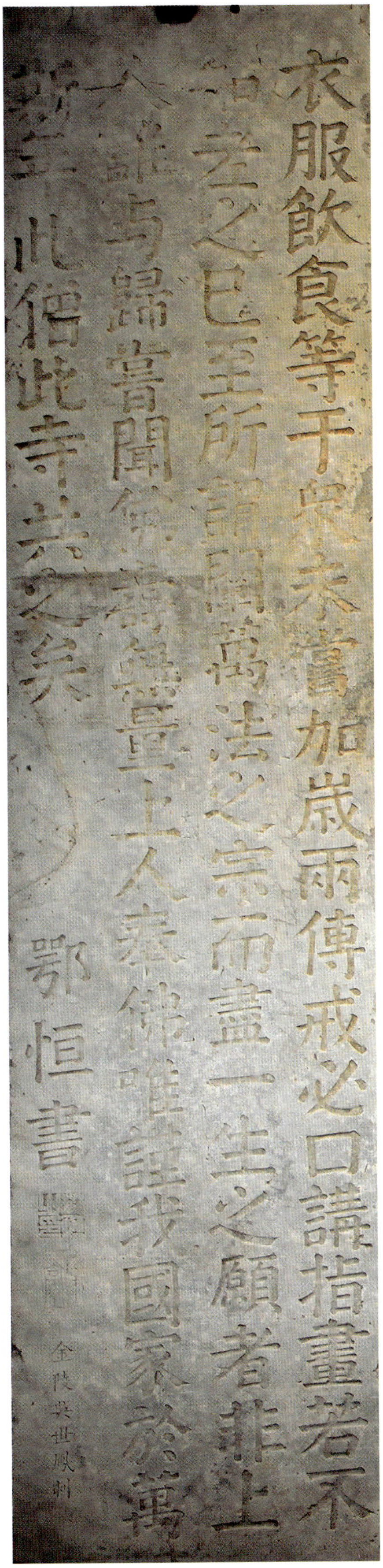

衣服飲食等于衆未嘗加歲兩傳戒必口講指畫若不
如差之已至所銷闢僞法之宗而盡一生之願者非上
人誰與歸嘗聞[illegible]量上人奉佛唯謹我國家於萬
[illegible]比僧此寺共[illegible]矣

鄂恒書

金陵吳世鳳刻

局部（一）

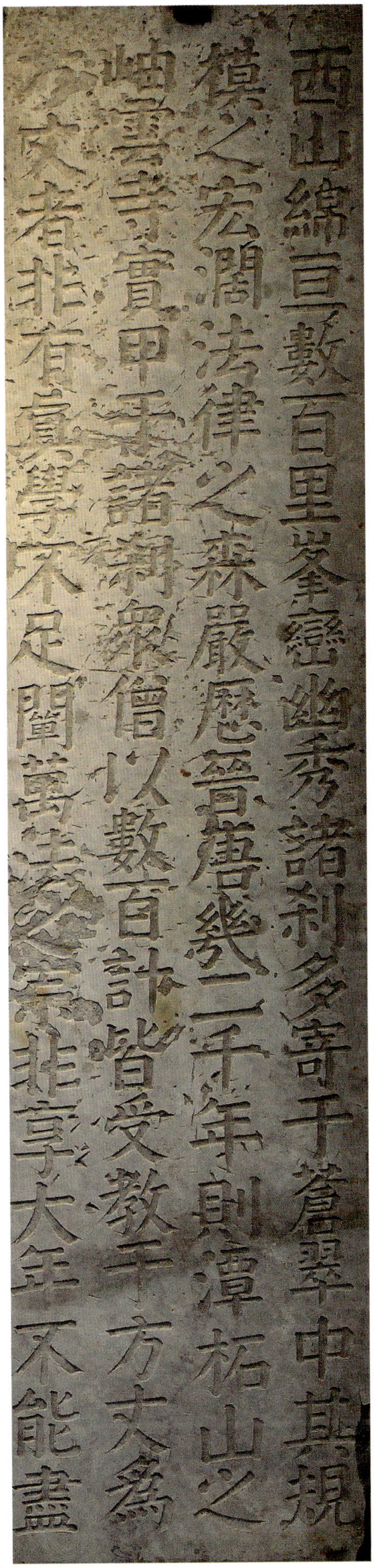

西山綿亘數百里峯巒幽秀諸刹多寄于蒼翠中其規
模之宏濶法律之森嚴歷晉唐幾二千年則潭柘山之
岫雲寺實甲于諸刹衆僧以數百計皆受教于方丈爲
方丈者非有真學不足闡萬法之宗非享大年不能盡

局部（二）

256. 盛京金州正蓝旗防御记名骁旗校现任本边门章京武什杭阿等倡率整修叆阳城关帝庙题名碑

武什杭阿　道光二十五年（1845），时任盛京金州正蓝旗防御记名骁骑校、叆阳边门章京。在任期间，与盛京兵部员外郎、叆阳边门章京随带加二级记录三次祥安倡率兵民整修叆阳城关帝庙。

武什杭阿等倡率整修叆阳城关帝庙题名碑　汉文，道光二十五年（1845）立。今存辽宁省凤城市叆阳城村。

碑额

叆阳城门额　明成化七年（1471）立。

碑身局部

碑身

瑷阳城关帝庙

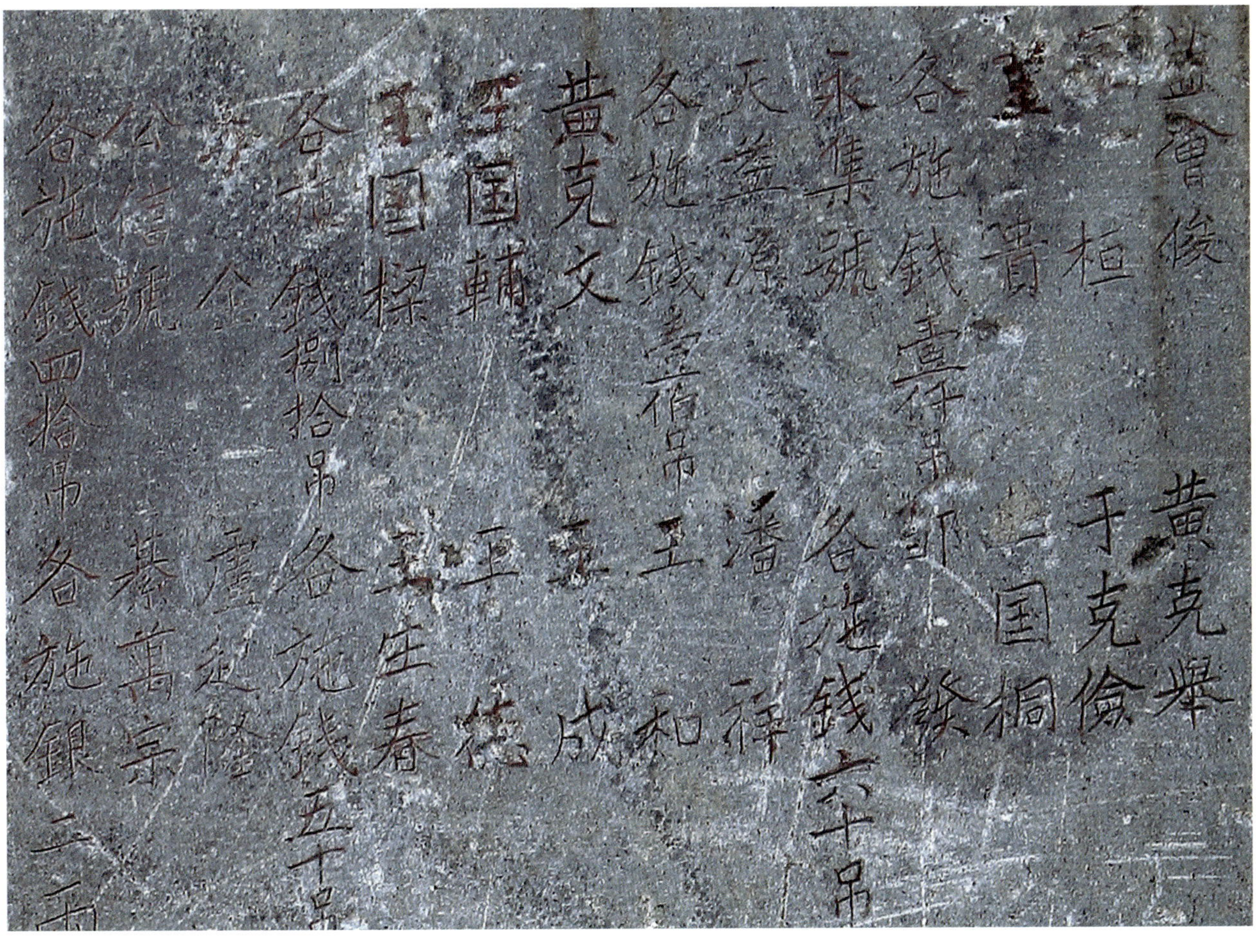

碑阴碑身局部

257. 大清故医宏不器家传碑

宏不器　名哈哈达，号华子，字宏不器，道光年间名医。其父洪瑚琏，号三希，西安人，曾任笔政。自甘肃凉州（今甘肃武威）调乌鲁木齐驻防，生宏不器。宏不器生前著有眼科等医书多卷，并提出治理黄河之策。他去世后，其胞妹金英，号少金，将其兄事迹写入碑中。乌鲁木齐已故年满笔政绥英之子强谦敬书；其孙吉楞布、伊克坦布、爱仁布建碑。

宏不器家传碑　汉文，额题汉文“皇清”，道光二十九年（1849）立。今存陕西省西安市碑林。

大清故醫宏不飛家傳碑文謹序　胞妹火金□撫
清故家蘇章政西安人也姓吳□珊楚號三希有精□防為魯木齋其生子名分合道光□年
不飛胞妹名金英號少金因患染疫症一目失明為我兄妹驚惶無措於無奈之間我兄妹二人
同書表文祈禱上天求壽於母禱知此念已誠感動上帝我二人之母疾漸減復原而□
清神療治祇治數日母恙大愈一目失明祈神治日之間言旨教吾兄習道治人徐母目明
撫採新藥於母生明余二人受自草藥而進母　母目日瞳人漸生復祈神力降諭知未日明
者即將新藥採全五十七位可生日明生此新草乃天降治症之藥特公流于後世任我胞兄□
年之勞心採藥亦全治者亦成有求日明之中言上天請神降憫蒼生之無藥以後必出異症者
作新藥州經驗火毒症剌法共十卷不意公忽於乙巳八月初成壽終忽然兩年之後本處火症之害
大遂小意想傳此治法秘書不得其便兄在世所留除症秘書十卷服抖岩行神符集上中下三卷症瘦
百新以成集八卷恐有錯失無力詳治者專作先天太行集二卷大行孝經九章治路歌訣一卷生死論一
章一切書帝俱兄在世所作又遵上策治黃河道在河南濟源下五十里有火燒林木下北火生□
處從北開渠向北流一百五十里而入火燒林中自有妙道火年可知　二象治之法黃河道流在□
孟縣之北中開一渠引入于竹林中東流至天包中有空自入地中行十里自減十之五分　三□□
通流孟縣之北開一渠廣十八丈深五丈中有妙理通至竹林至達天包中入於地下有土有石無水□
十之五分原歸故道而入於海火年可用自有人中治日生其策名曰浪生華生之後知　四象之治在
河南生火處生中火土出特生濟水中之開千孔流入□以上諸條恐忍本處所傳若有不循恐己之迷
心安慶在世謹將前情故勒碑文傳于後世永垂不朽
道光歲次乙酉五月望　友姪係烏魯木齊已故年滿華政綬英之子華軒孫□敬書
□　孫吉秀布　伊克坦布　□二布　立

碑身

258. 皇清诰封承德郎何什墓碑

何什　生前曾诰封承德郎，其妻汪氏封为安人。道光三十年（1850），孙贡生何彦超为其立碑。

何什墓碑　满汉文合璧，道光三十年（1850）立。今立于辽宁省新宾满族自治县韩家村。

碑身

碑额

额题　汉文“绳其祖武”。

碑座

墓地石刻柱（一）

墓地石刻柱（一）局部

墓地石刻柱（二）

墓地石刻柱（二）局部

墓地全景

259. 诰封通议大夫永海墓碑

永海　瓜尔佳氏，吉林人，满洲正红旗。嘉庆二年（1797），从副都统赛冲阿赴川、楚、陕镇压白莲教农民起义，得赏蓝翎，升任伊通赫尔苏佐领。十八年，从吉林副都统德英阿率吉林军赴河南镇压天理教李文成农民起义，数战皆捷，赐号“干勇把图鲁”，升任拉林协领。道光三年（1823），升任伯都讷副都统。因在协领任内挪移库银，浮报义仓工程，被革职。曾诰封通议大夫。

永海墓碑　满汉文合璧，道光年间立。原立于吉林省吉林市东郊胡家坟，今存于吉林市文庙博物馆。

碑额　额题满文。

碑阴碑额　额题汉文“恩纶永被”。

碑身

260. 诰授武功将军四川提标左营游击富克金泰墓碑

富克金泰　驻防密云满洲镶黄旗。碑文记载，历任江西抚标都司、四川提标左营游击，诰授武功将军。因协剿粤西“逆匪”，屡立“战功”，奉旨赏赐顶戴花翎。咸丰四年（1854），在武宁等处与起义军背水鏖战，身负重伤，落河殒命，享年五十七岁。奉旨给予云骑尉世职，世袭次数结束，按恩骑尉世袭罔替。

富克金泰墓碑　汉文，咸丰六年（1856）立。额题汉文“万古流芳”。今立于北京市密云区冶仙塔风景区碑林。

碑身

261. 升福泰山摩崖石刻

升福　字善一，瓜尔佳氏，原籍长白山，满洲正黄旗。祖居辽阳城西（今辽宁省辽阳市）。同治年间，在参与镇压山东捻军中任骁骑校。在军中十年，战事结束，因其上司病故，而未得升迁，仅在辽阳地方负责仓税、户司等事务。晚年嗜吟咏，工草书。

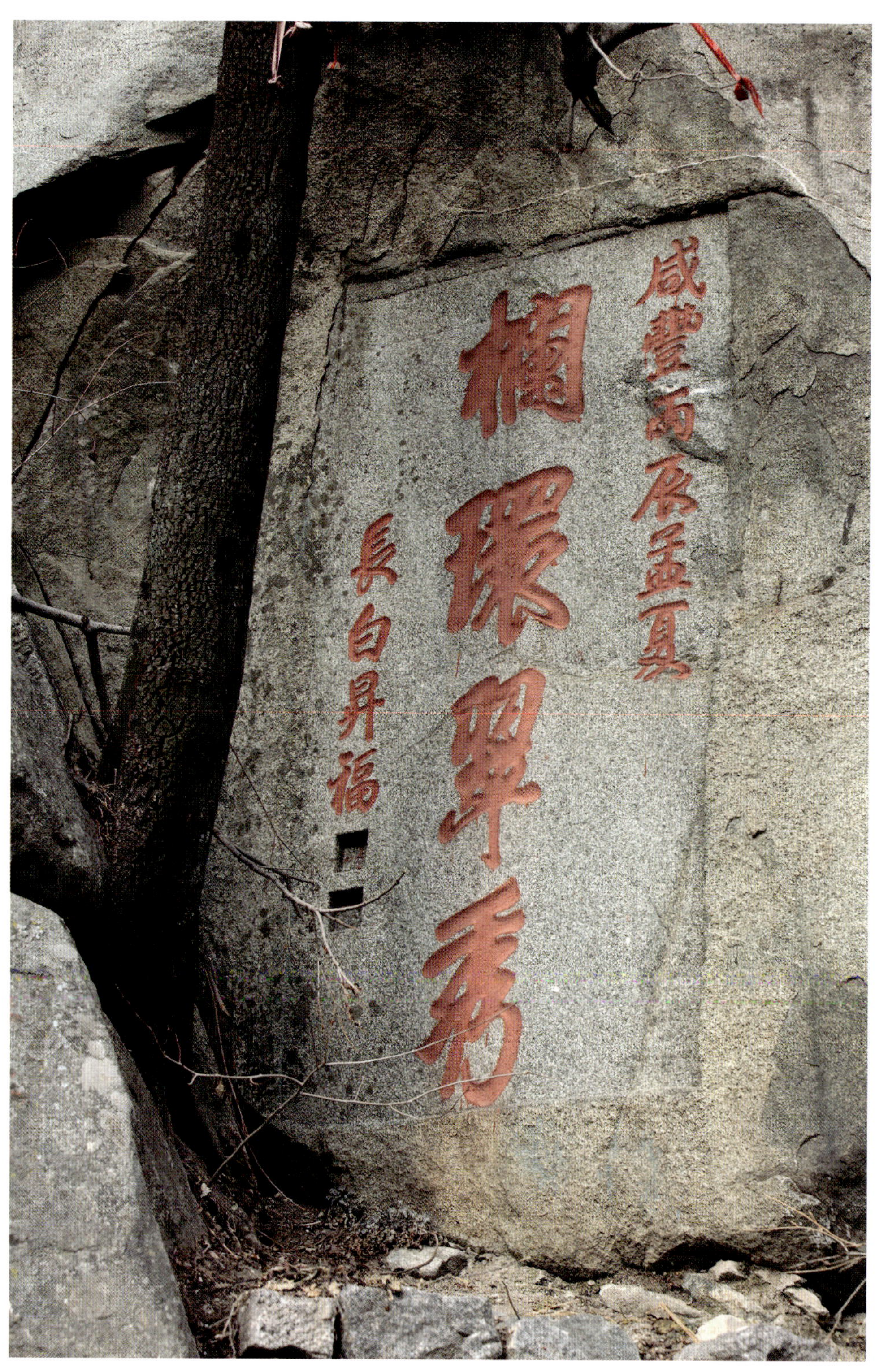

升福泰山摩崖石刻　汉文，咸丰六年（1856）题写。今石刻位于山东省泰安市泰山崖壁。

262. 山东巡抚文煜泰山摩崖石刻

文煜　费莫氏，字星岩，原籍长白山，满洲正蓝旗。由官学生授太常寺库使，累迁至刑部郎中。外任直隶霸昌道、四川按察使。咸丰三年（1853），迁江宁布政使，此时江宁已被太平军攻陷，从琦善守江北大营。四年，琦善殁于扬州，所部练勇及江北粮台事宜，命文煜接办。七年，调任江苏布政使，治江南大营粮台，不久又授直隶布政使。其后历任山东巡抚、直隶总督。同治元年（1862），因督剿不力，被革职，戍军台。三年，复授蒙古镶黄旗副都统，其后历任汉军正蓝旗都统、福州将军、闽浙总督、内大臣、汉军镶白旗都统、左都御史、刑部尚书、协办大学士、总管内务府大臣、武英殿大学士。光绪十年（1884），去世。赠太子少保，谥号“文达”。

文煜泰山摩崖石刻　汉文，咸丰十年（1860）题写。今石刻位于山东省泰安市泰山崖壁。

263. 日讲起居注官詹事府詹事魁龄撰并书瓜尔佳氏墓碑

魁龄　瓜尔佳氏，赐进士出身。同治三年（1864），曾任日讲起居注官、詹事府詹事。该碑即是魁龄姐瓜尔佳氏因病去世后，特为之撰写碑文的墓碑，碑中记述了其姐的生平事迹。

魁龄撰并书瓜尔佳氏墓碑　汉文，同治三年（1864）撰。今存北京石刻艺术博物馆。

碑身局部（一）

碑身局部（二）

264. 盐运使衔候选道如山撰文重建护国寺记碑

如山　哈达赫舍里氏，赐进士出身。同治五年（1866），时任赏戴花翎盐运使衔候选道。在候选期间为重建护国寺撰写碑记。

如山撰文重建护国寺记碑　汉文，同治五年（1866）撰。今存北京石刻艺术博物馆。

碑身

265. 塔尔巴哈台参赞大臣德兴阿之母建坊旌表圣旨碑

德兴阿　乔佳氏（瓦兰氏），达斡尔人，满洲正黄旗。道光二十六年（1846），因善骑射，被挑选为“三音哈哈”。历任驻京前锋、蓝翎侍卫、乾清门行走、二等侍卫，赐黄马褂。咸丰二年（1852），升任头等侍卫。历任正白旗汉军副都统、御前侍卫、钦差大臣督办江北军务、正白旗蒙古都统衔、骑都尉世职，赐双眼花翎，赐号“博奇巴图鲁”。因秉性粗率，不晓汉语，贻误军事，赏六品顶戴交僧格林沁差遣。十一年，以三品顶戴署密云副都统。同治元年（1862），授西安副都统。历任塔尔巴哈台参赞大臣、正红旗汉军副都统、帮办新疆北路军务。曾多次参加对太平军和捻军的围剿镇压。六年，母丧回旗，不久去世。予谥号“威恪”。

德兴阿之母建坊旌表圣旨碑　汉文，同治六年（1867）刻。今存黑龙江省齐齐哈尔市明月岛将军府。

碑额

额题　汉文“圣旨”。

碑身

碑身局部（一）

碑身局部（二）

266. 四川按察使英祥瞻拜岳王庙诗碑

英祥　原籍吉林长白山。同治八年（1869），时任四川按察使。任内瞻拜岳王庙时撰文敬书，表达对岳飞精忠报国至孝的敬仰。

英祥瞻拜岳王庙诗碑　汉文，同治八年（1869）书。今存河南省汤阴县岳王庙内。

267. 宁古塔副都统盛京将军索伦地方总管安珠瑚墓碑（一）

安珠瑚 瓜尔佳氏，满洲正黄旗。先世居苏完，父阿喇穆任牛录额真。顺治元年（1644），父战死，安珠瑚袭父世职半个前程。历任三等阿达哈哈番、甲喇额真兼刑部郎中。康熙六年（1667），任宁古塔副都统，并负责监造吉林城。十五年，任吉林乌喇副都统，辅助巴海安抚新满洲，晋世职为一等阿达哈哈番兼拖沙喇哈番。十七年，升任盛京将军。二十二年，以病乞休。因在任失职，被撤官职，派往吉林乌喇。二十四年，因收复雅克萨有功，授索伦总管。二十五年，去世，命削其世职，享年六十九岁。

安珠瑚墓碑（一） 汉文，同治十年（1871）立。原址在吉林省吉林市船营区欢喜乡西团山东南麓，今存吉林市文庙博物馆。

碑身

碑阴　碑文漫漶，难以识别。

268. 宁古塔副都统盛京将军索伦地方总管安珠瑚墓碑（二）

安珠瑚墓碑（二） 汉文，同治十年（1871）立。原址在吉林省吉林市船营区欢喜乡西团山东南麓，今存吉林市文庙博物馆。

碑身

碑阴　碑文漫漶，难以识别。

269. 文渊阁大学士两广总督瑞麟题额

瑞麟　叶赫那拉氏，满洲正蓝旗。初任太常寺卿、内阁学士、礼部右侍郎。咸丰元年（1851），升任满洲镶蓝旗副都统、正黄旗护军统领，其后历任在军机大臣上行走、西安将军、礼部尚书、蒙古镶白旗都统、总管内务府大臣、经筵讲官，管理钦天监、户部三库事务、户部尚书、文渊阁大学士、领侍卫内大臣、汉军镶黄旗都统、管理神机营事务。同治二年（1863），始任热河都统，历任广州将军、两广总督。十年，复任文渊阁大学士，仍留两广总督任。十三年，去世。赠太保，谥号“文庄”。

瑞麟题额　汉文，同治十三年（1874）书。今悬挂于广东省广州市五羊仙蹟观门之上。

瑞麟旧照 选自《英国藏中国历史照片》。

五羊仙蹟观门

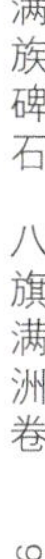

五羊仙蹟观外景

270. 原任大学士赠太傅文祥墓碑

文祥　瓜尔佳氏，字博川，满洲正红旗，世居盛京。生于嘉庆二十三年（1818）。道光二十五年（1845）进士，初任工部主事，历任署刑部侍郎、汉军镶黄旗副都统。咸丰九年（1859），命在军机大臣上行走，历任总理各国事务衙门管理大臣、管理神机营营务。十一年，参与北京政变。同治元年（1862），历任左都御史、工部尚书、署兵部尚书、内务府大臣兼都统、管理理藩院事务、吏部尚书、体仁阁大学士，加太子太保。光绪元年（1875），晋武英殿大学士，后因病解除各兼职，专任军机处及总理各国衙门事务。临终前，再次疏请自强之计不可再误。二年，病故，享年五十九岁。赠太子太傅，赐骑都尉世职，谥号“文忠”，归葬盛京。其子熙洽承袭世职。

文祥墓碑　残碑，汉文，光绪初年立。今存辽宁省沈阳“九·一八”历史博物馆。

碑身局部（一）

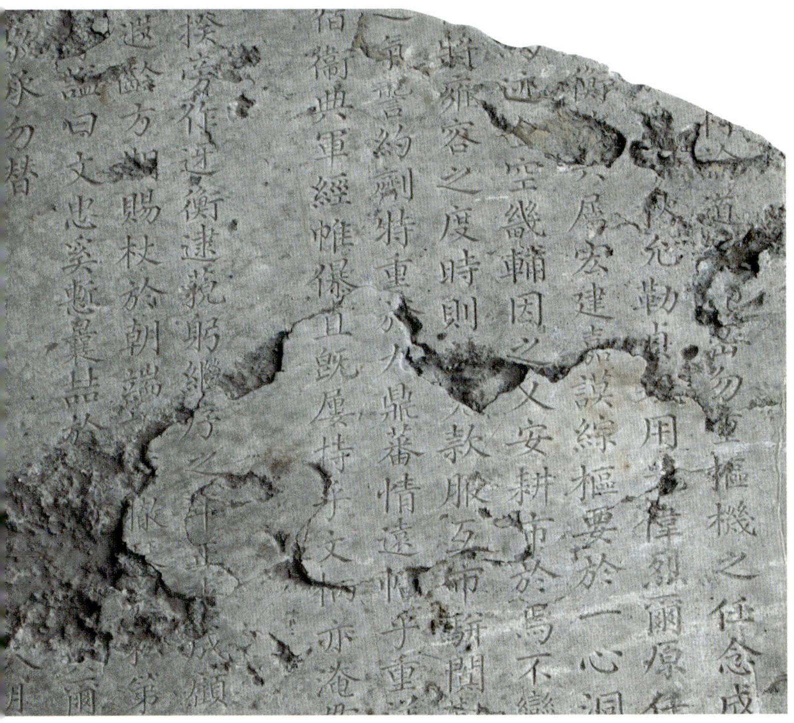
碑身局部（二）

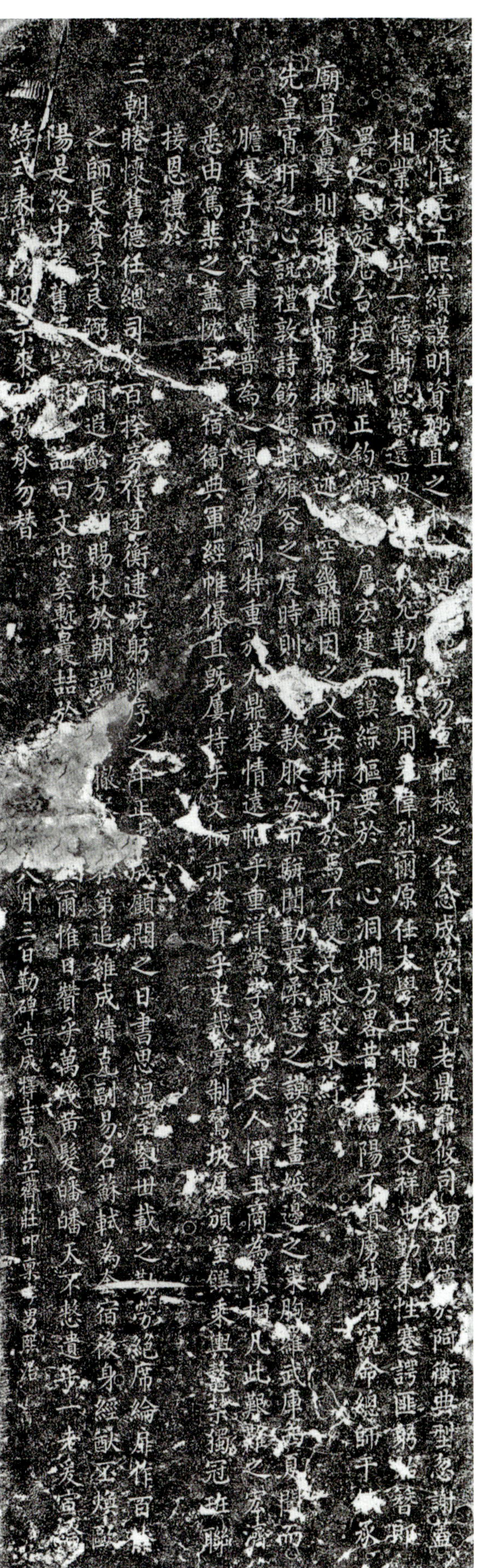
拓片　选自《沈阳碑志》。

碑阴局部 满文。

271. 赐进士出身儒林郎吴宗阿墓碑

吴宗阿　满洲镶白旗包衣佐领下人，先世原居英峨（今辽宁省清原满族自治县英额门地区）。其五世祖在努尔哈赤时屡立战功。四世祖吴云珠得封义勇将军。祖父俄尔格随从八旗军入关，得赠中宪大夫，先入正白旗，后改入镶白旗裕亲王福全府下。其父吴三泰特授四品典仪官。康熙四十五年（1706），吴宗阿以丙戌科第三甲第八十名，赐进士及第。以后为候补各部主事。五十年，在待选京职时，奉王命教习王子，即保泰之子、福全之孙。同年，被诬告受刑，几经审理，宣告无罪，由本王发落。无奈被迫移居关外，过着闲散的生活。他所留下的谱书、会试朱卷、哀矜录等为研究满族史提供了难得的史料。

吴宗阿墓碑　汉文，光绪二年（1876）立。今立于辽宁省本溪满族自治县朴堡村吴家屯吴家墓地。

碑额

额题　汉文“甲山庚向”。

碑身

碑阴碑额

碑阴额题　汉文“音容宛在”。

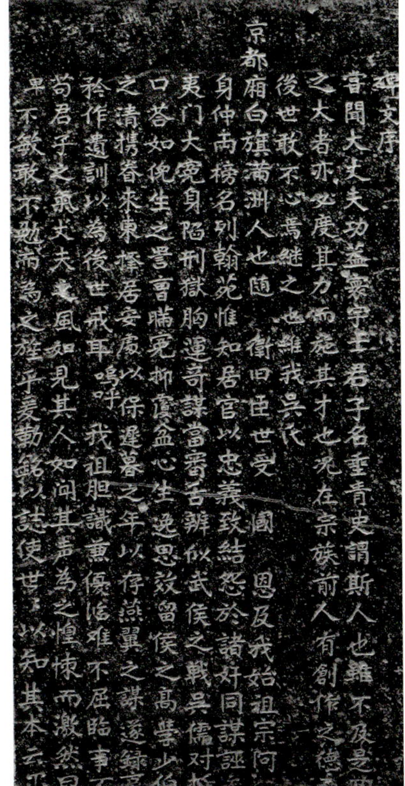

碑文序
嘗聞大丈夫功蓋寰宇士君子名垂青史謂斯人也雖不及是
之大者亦必度其力而施其才也兇在宗族前人有創作之德
後世敢不心焉繼之也雖我吴代
京都廂白旗滿洲人也隨衛旧臣世受國　恩及我始祖宗向
身仲兩榜名列翰苑惟知居官以忠義致結怨於諸好同謀誣
夷门大冤身陷刑獄胸運奇謀當審吾辨似武侯之戰吳儒对抵
口荅如俛生之詈曾瞞冤抑寃盆心生逸思效留侯之高學少伯
之清携眷來東擇居安處以保遲暮之年以存燕翼之謀遂錄
貽作遺訓以為後世戒耳嗚呼　我祖胆識兼優臨難不屈臨事不
苟君子之氣丈夫之風如見其人如聞其聲為之惶悚而激然曰
畢不敏敢不勉而為之旌乎麦勤銘以誌使世世以知其本云爾

碑阴拓片　选自《本溪碑志》。

碑阴碑身

272. 奉锦山海关道道员景福德政碑（一）

景福　满洲京旗，同治十二年（1873）至次年、光绪元年（1875）至四年，任奉锦山海关道地方官，治所在营口。碑中记载，在任期间练兵榷税，加强海防；剿除海盗，除暴安良，惩治土匪；严禁赌博，提倡办学，力行俭廉，使商家安生，居民乐业，风气一新。二年，营口众铺商为其立德政碑。

景福德政碑　汉文，光绪二年（1876）立。今存辽宁省营口市博物馆。本图片由营口市博物馆提供。

碑身

碑阴碑身

碑阴碑身局部（一）

碑阴碑身局部（二）

273. 奉锦山海关道道员景福德政碑（二）

景福德政碑 汉文，光绪二年（1876）立。今存辽宁省营口市博物馆。本图片由营口市博物馆提供。

碑身局部（一）

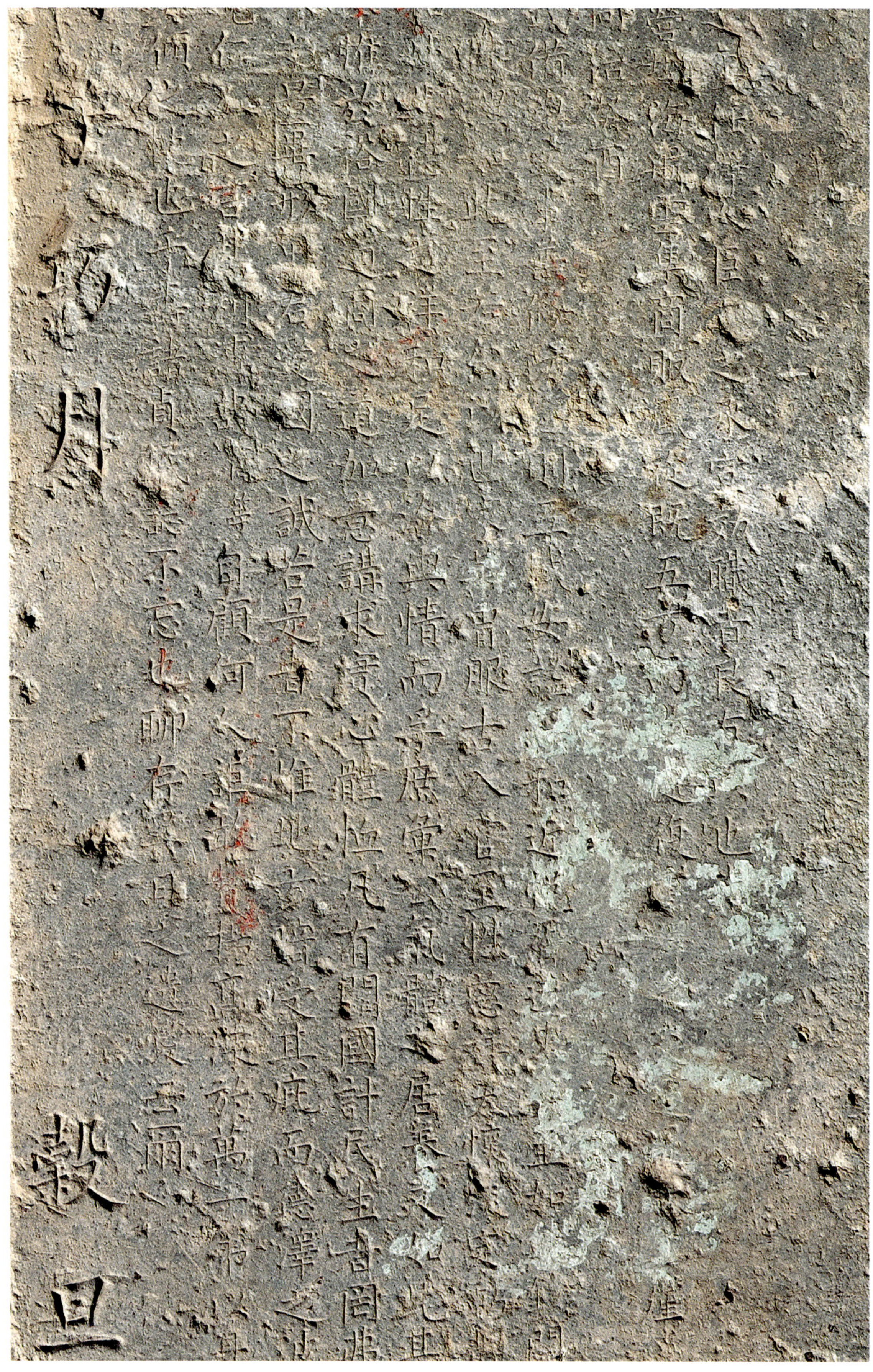

碑身局部（二）

274. 赠署理重庆府知府庆善之父得升为光禄大夫母缪氏瓜尔佳氏为一品夫人诰命碑

得升　得升之父庆善为花翎盐运使衔加四级、署理四川重庆府知府。父因子贵，光绪四年（1878），以覃恩赠为荣禄大夫，锡予诰命；赠妻缪氏、瓜尔佳氏为一品夫人。

得升及妻缪氏等诰命碑　碑阳为汉文，碑阴为满文，光绪四年（1878）制。今存辽宁省沈阳市法轮寺碑林。

碑额

额题　汉文“奉天诰命”。

碑身

碑阴碑身

275. 诰封振威将军吉林协领赠副都统衔金福墓碑

金福 孟苏哩氏，汉姓孟，字午堂，满洲正蓝旗。咸丰三年（1853），以披甲出征，转战山东、直隶诸省，后任蓝翎骁骑校。同治五年（1866）以后，以擅长捕盗，升任佐领；收复宁古塔，破山东捻军，授二品顶戴，补吉林满洲正蓝旗协领；因吉林全省“马贼”肃清，赐号“达春巴图鲁”，以副都统衔交军机处存记。不久又特授吉林练军马步全营翼长。光绪九年（1883），去世，赐丧银九百两，给予骑都尉兼云骑尉世职。

金福墓碑 汉文，光绪九年（1883）立。碑阴碑文漫漶，难以识别。原址在吉林省吉林市北郊三道岭子，今存吉林市文庙博物馆。

276. 署理义州城守尉中和捐资重修大佛寺碑

中和　满洲八旗，光绪十年（1884），时任署理义州城守尉。在任时与沈阳镶白旗委官苏含等满汉军民捐资重修大佛寺。

中和捐资重修大佛寺碑　汉文，光绪十年（1884）立。今立于辽宁省义县奉国寺大殿内东侧。

碑额 额题汉文“万古流芳”。

碑座

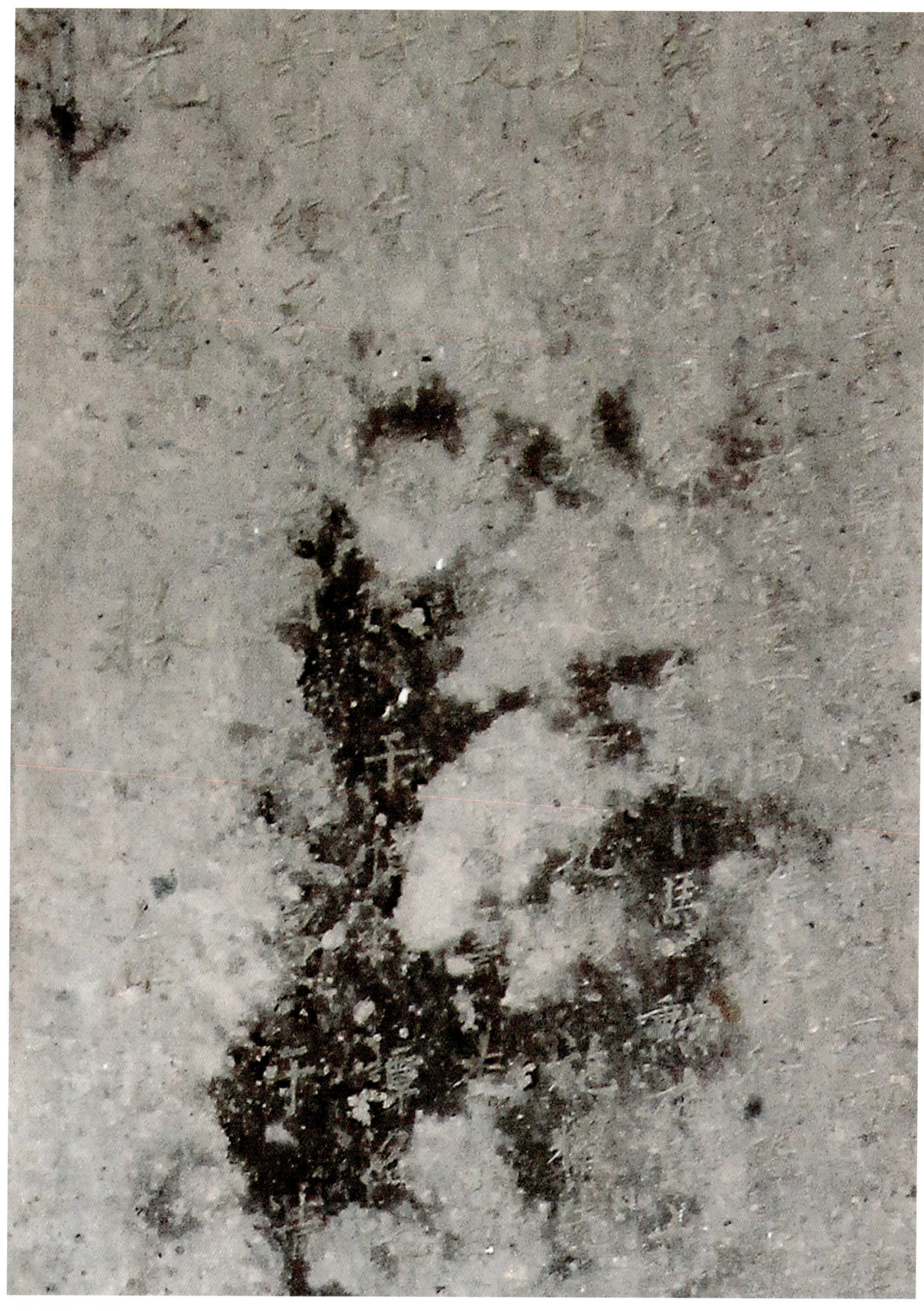

碑身局部（左）

碑身局部（右）

277. 湖南镇筸镇总兵祥福祠添置祭田记碑

祥福　玛佳氏，满洲正黄旗人。由亲军历经提拔，官至冠军使，后调任湖南宝庆协副将。因从提督罗思举平江华瑶有功，历任绥靖、宁夏、镇筸诸镇总兵。道光二十年（1840），率本镇兵支援广东，抗击英军侵略。二十一年，驻守乌涌炮台，炮台陷落，祥福战死，授予骑都尉世职，祀昭忠祠。后诏与关天培同建专祠。子喜瀛，袭世职。

增建祥镇军祠添置祭田碑记　汉文，光绪十二年（1886）立。因玻璃反射，故图中碑文难以识别。今立于广东省广州市镇海楼院内。

乌涌牛山合墓牌坊（旧照） 用以奉祀为抗击英军侵略而战死的官兵，今位于广东省广州市乌涌牛山。选自《广州满族》。

广州市镇海楼 今为广州博物馆。

278. 伊犁将军金顺汉文墓碑

金顺 伊尔根觉罗氏，字和哺，满洲镶蓝旗。世居吉林。初授骁骑校，后升任协领。同治年间，历任镶黄旗汉军副都统、宁夏副都统、金州副都统、乌里雅苏台将军。光绪元年（1875），任乌鲁木齐都统，参与讨伐阿古柏，攻克新疆四城。二年，调任伊犁将军。光绪七年（1881），奉命从沙俄手中接收伊犁，按约划界。十一年，在返京途中病故于肃州（今甘肃省酒泉市），赠太子太保，谥号“忠介”。

金顺汉文墓碑 汉文，光绪十二年（1886）立。原址在吉林省吉林市永庆村，今存吉林市文庙博物馆。

碑身

金顺妻托莫洛氏牌坊（旧照） 1938年摄。原址在吉林市迎恩门外大街道南。选自《吉林旧影·民居》。

金顺府邸影壁（旧照） 1938年摄。影壁正中为“鸿禧”二字。原址在今吉林市松北一区。选自《吉林旧影·民居》。

279. 伊犁将军金顺满文墓碑

金顺满文墓碑 满文，光绪十二年（1886）立。今存吉林省吉林市文庙。

碑身

碑阴碑身

280. 武义都尉木兰围场总管富明家族诰命碑（碑阴为富明家族墓碑）

富明　钮祜禄氏，满洲镶白旗。原籍长白山，其族先人在与明宁远等战斗中立有战功。道光年间，富明任木兰围场总管，因在任内木兰围场野兽被偷猎、树木被盗伐、开垦过度等原因，受到处罚，革去总管一职，戍边新疆。五年后返回故里。十四年（1834），病故，葬于河北省隆化县西阿超村。

富明家族诰命碑　汉文，咸丰二年（1852）制。碑阴为富明家族墓碑，光绪十三年（1887）立。原址在河北省隆化县西阿超村，今存承德市避暑山庄碑林。

碑额　额题汉文“诰命”。

碑阴碑额　额题汉文“世代遗风”。

避暑山庄碑林

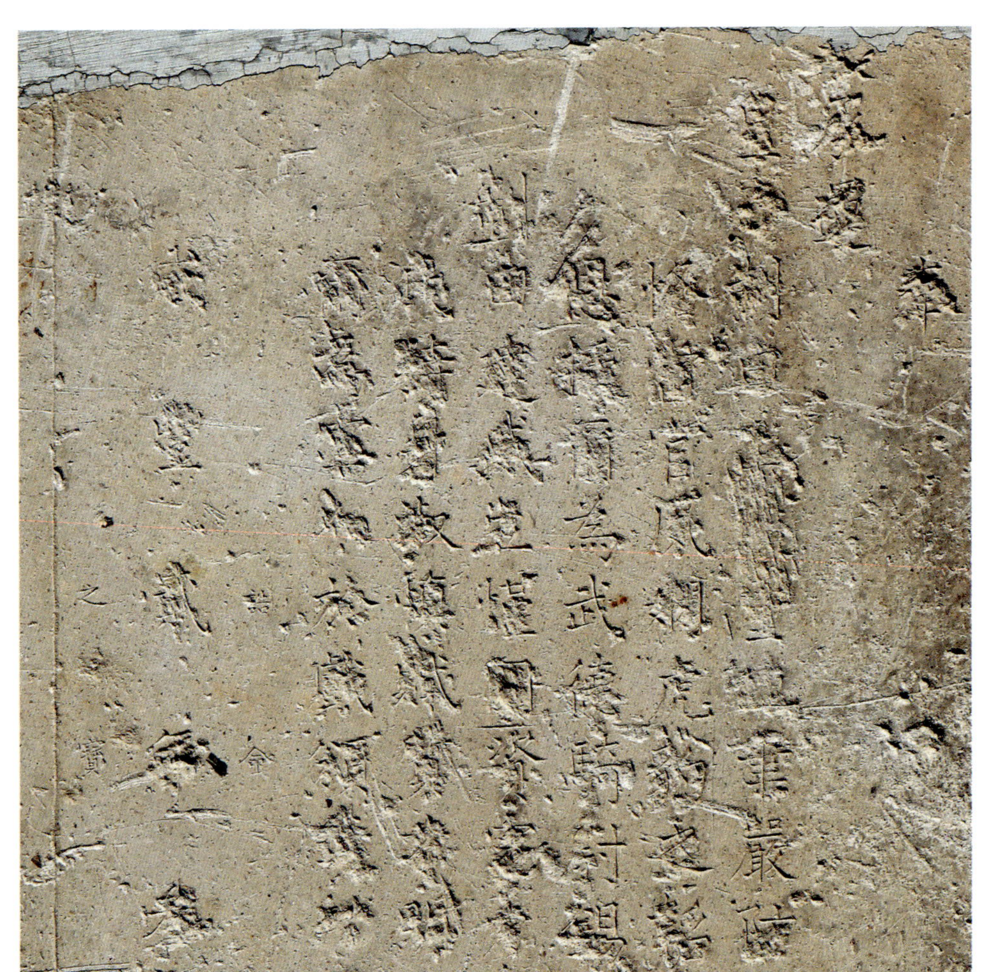
碑身局部（上）

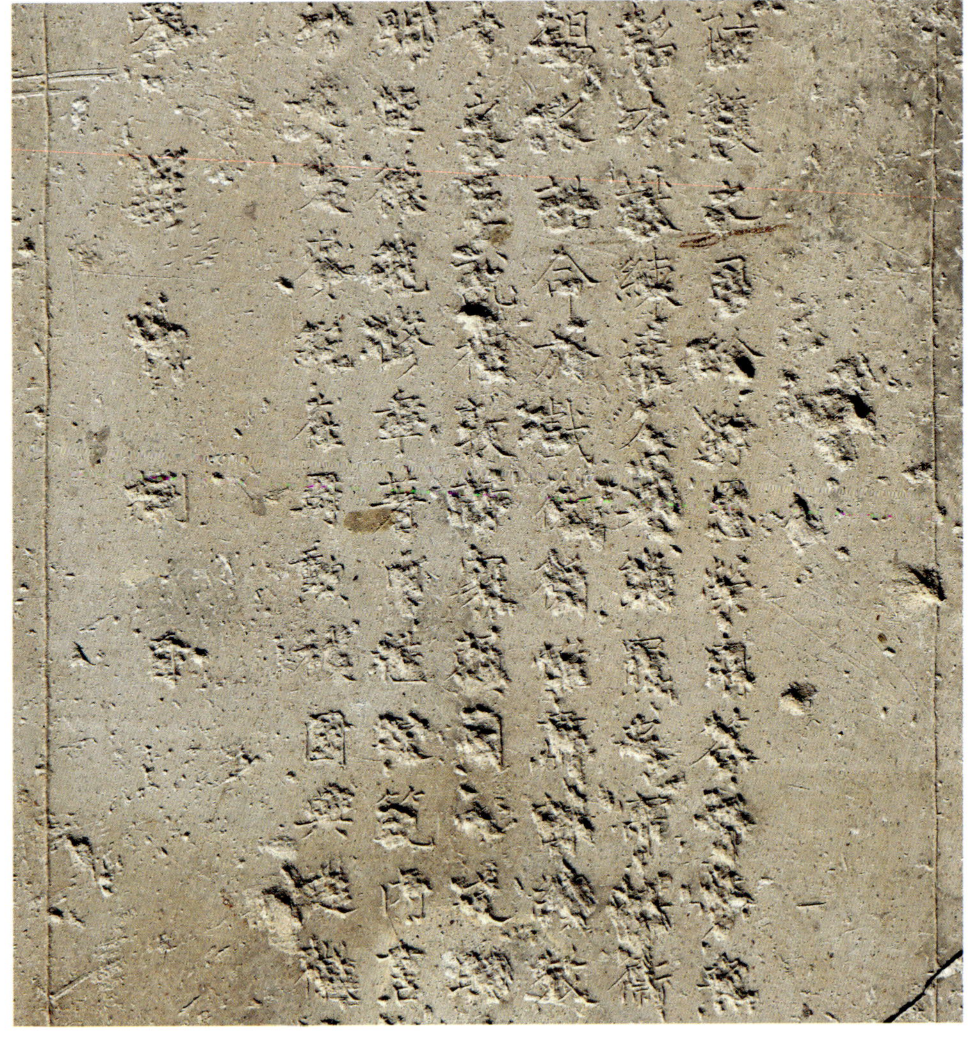
碑身局部（中）

碑身局部（下）

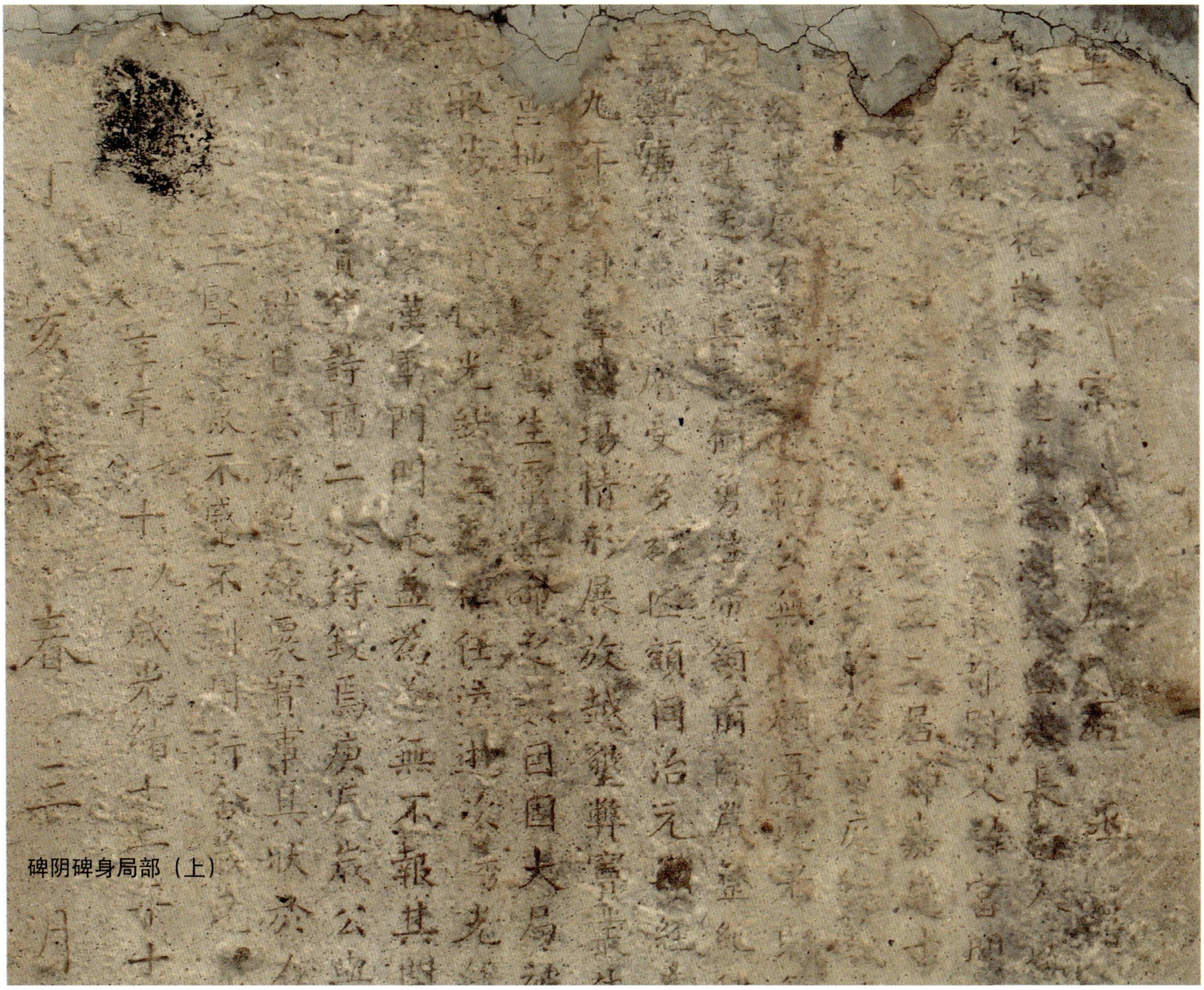

碑阴碑身局部（上）

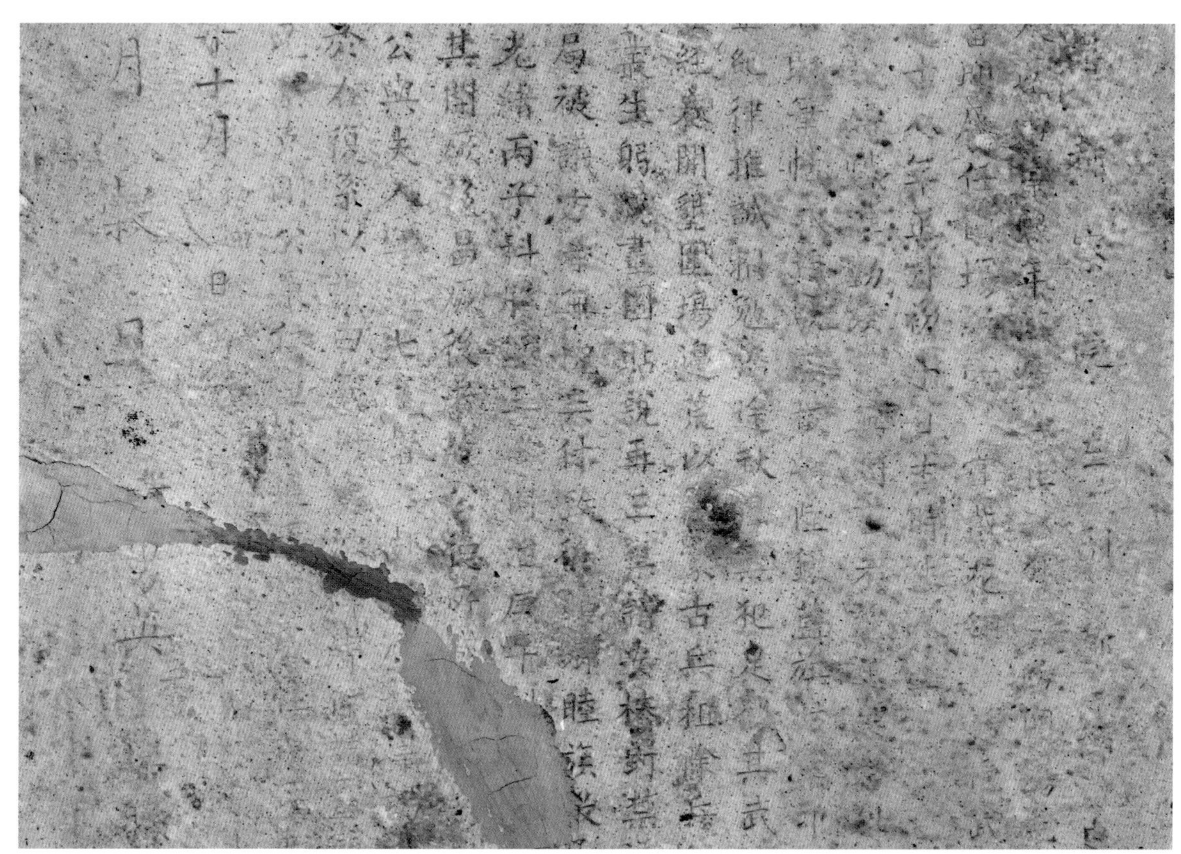
碑阴碑身局部（中）

碑阴碑身局部（下）

281. 盖州城守尉署金州副都统文格德政碑

文格　字式岩，满洲正黄旗。道光二十四年（1844）进士。历任会试考官、郴桂（指衡州府、永州府、郴州、桂阳州）道员，广西、广东布政使兼署湖南。光绪三年（1877），任山东巡抚。十年，自库伦办事大臣转任盖州城守尉，署金州副都统。十三年，调任三姓副都统。擅长书画，专攻花鸟，其作品在《八旗画录》中有录。

文格德政碑　汉文，光绪十三年（1887）立。今立于辽宁省盖州市文物管理所。

碑额

额题 汉文“流芳千古”。

碑阴碑额

碑阴额题 汉文“颂声载道”。

碑阴碑身

282. 盐运使衔特授直隶承德府知府统理旗庄营汛会办热河工程事物廷杰书丹武列河西崖大坝岁修章程记碑

廷杰　字用宾，瓜尔佳氏，满洲正白旗，赐进士出身。光绪二年（1876），升任员外郎。十二年，任承德府知府，加盐运使衔。十四年，统理旗庄营汛，会办热河工程事物。二十三年，升任奉天府府尹。其后，历任直隶布政使、奉天府府尹兼盛京户部侍郎、署盛京将军、办理奉天垦荒事物的钦差大臣后补侍郎。三十一年，任热河都统。宣统元年（1909），任科布多参赞大臣。二年，任法部尚书；同年，病故。

廷杰书丹武列河西崖大坝岁修章程记碑　汉文，光绪十四年（1888）立。今存河北省承德市避暑山庄碑林。

碑身

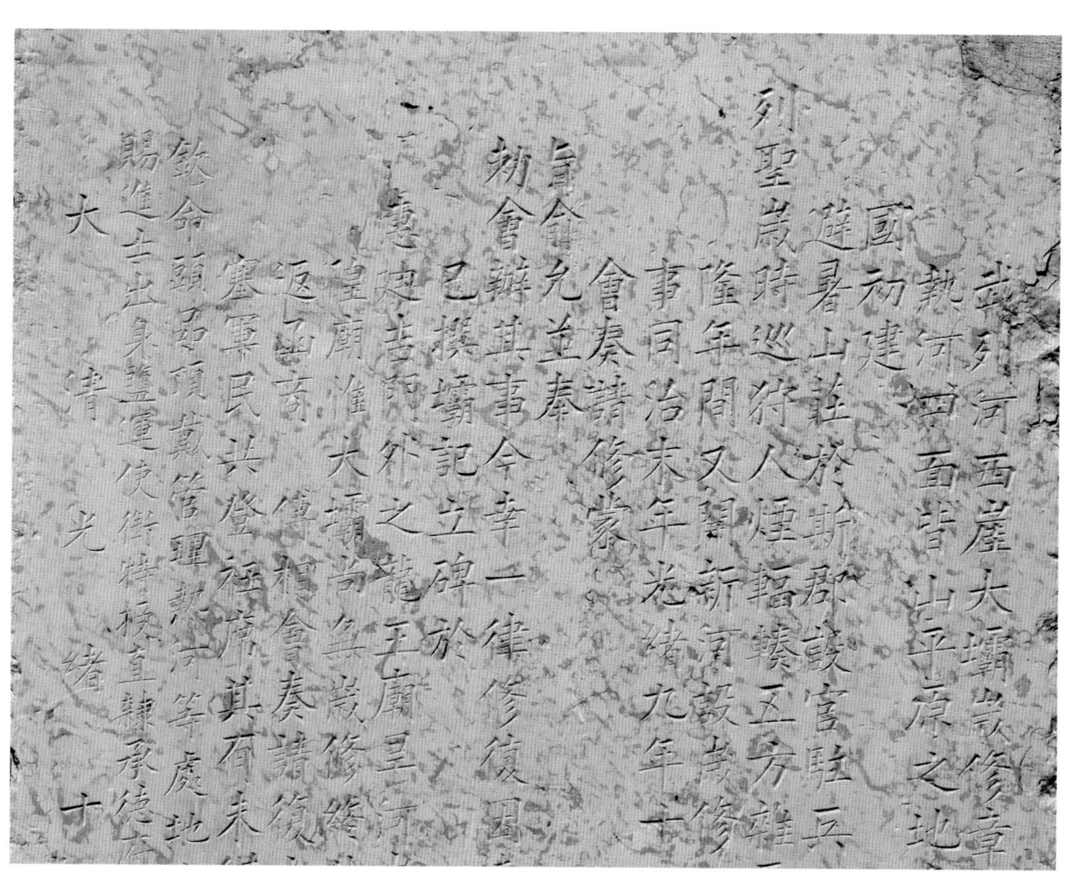

碑身局部（一）

碑身局部（二）

碑额　额题汉文“万民受福”。

辦理軍機處封寄
密
候補侍郎廷

廷寄信封　辽宁省档案馆藏。

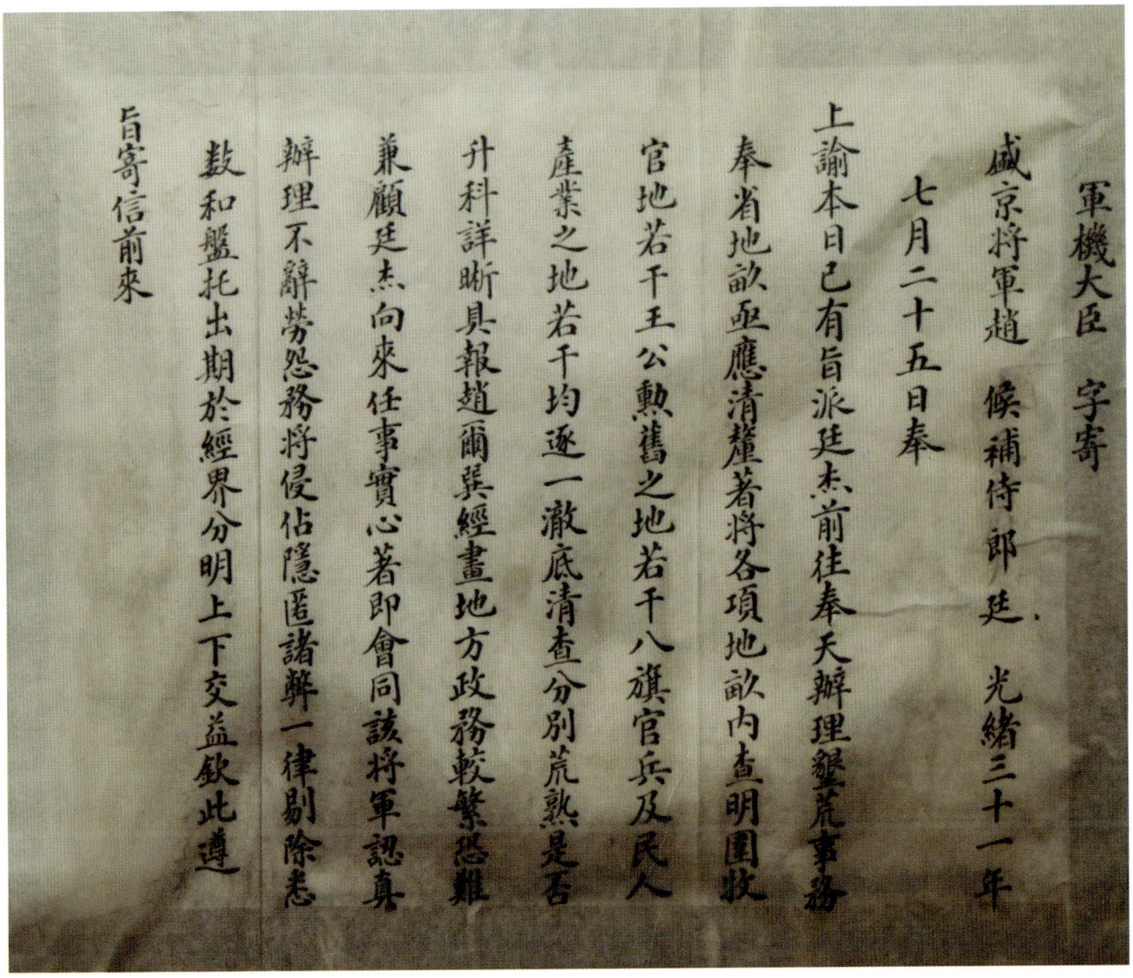

軍機大臣　字寄
盛京將軍趙　候補侍郎廷　光緒三十一年
七月二十五日奉
上諭本日已有旨派廷杰前往奉天辦理墾荒事務
奉省地畝亟應清釐著將各項地畝內查明圍牧
官地若干王公勳舊之地若干八旗官兵及民人
產業之地若干均逐一澈底清查分別荒熟是否
升科詳晰具報趙爾巽經畫地方政務較繁恐難
兼顧廷杰向來任事實心著即會同該將軍認真
辦理不辭勞怨務將侵佔隱匿諸弊一律剔除悉
數和盤托出期於經界分明上下交益欽此遵
旨寄信前來

廷寄信　辽宁省档案馆藏。

283. 钦命帮办吉林边务事宜镇守珲春副都统升任黑龙江将军依克唐阿敦化德政碑（一）

依克唐阿　扎拉里氏，字尧山，满洲镶黄旗。原在吉林驻防，以马甲从征江南，屡立战功，升至佐领。同治年间，历任协领、副都统。光绪五年（1879），任呼兰副都统。十五年，升任黑龙江将军。二十年，中日甲午战争爆发，率兵入朝作战，后守九连城、宽甸等地，兵败革职。次年，助守辽阳，屡有斩获，声誉渐著。战后提出练兵队、筑炮台、造铁路、开矿产、制枪械、治团练六事。二十二年，授汉军镶黄旗都统，不久出任盛京将军，到任即整治弊政，颇有成效。二十五年，去世。谥号“诚勇”。

敦化依克唐阿德政碑（一）　汉文，光绪十五年（1889）立。原址在吉林省敦化市大石头镇东，与安图县交界的哈尔巴岭上。今存敦化市文物管理所。

碑额　额题汉文“名留千古”。

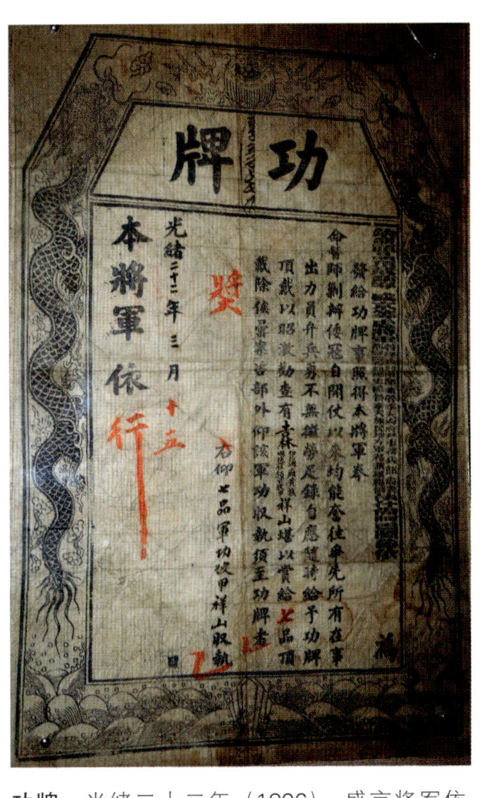

功牌

發給功牌事照得本將軍奉
命督師剿辦倭寇自開仗以來均能奮往爭先所有在事
出力員弁兵勇不無微勞足錄自應隨時給予功牌
頂戴以昭激勸查有森 祥山堪以賞給七品頂
戴除仍候彙案咨部外仰該軍功收執須至功牌者
右仰七品軍功披甲祥山收執
光緒二十二年三月十五日
本將軍依

功牌　光绪二十二年（1896），盛京将军依克唐阿颁发给伊通镶黄旗披甲祥山的功牌。今存吉林省伊通满族自治县博物馆。

碑身局部

碑身

284. 钦命帮办吉林边务事宜镇守珲春副都统升任黑龙江将军依克唐阿敦化德政碑（二）

敦化依克唐阿德政碑（二） 汉文，光绪十六年（1890）立。今立于吉林省敦化市哈尔巴岭村东五公里哈尔巴岭山冈上。本图片由张宁提供。

碑额　额题汉文“万古流芳”。

碑阴碑额　额题汉文“永垂不朽”。

碑身局部

碑阴碑身

285. 皇清敕封振威将军依克昌（唐）阿吉林灵道碑

吉林依克昌阿灵道碑 亦写作依克唐阿。汉文，光绪十九年（1893）立。原址在吉林省吉林市丰满区榆树村，今存吉林市文庙博物馆。

碑身

碑阴碑身

286. 盛京将军依克唐阿吉林祠堂御制碑

吉林依克唐阿御制祠堂碑 汉文，光绪三十二年（1906）立。原址在吉林市船营区西安路原依诚勇公祠内，今存吉林市文庙博物馆。

碑座

碑额 额题汉文“御制”。

碑身局部

碑身

287. 盛京将军依克唐阿吉林祠堂赐奠祭文碑

依克唐阿祭文碑 汉文，光绪三十二年（1906）立。原址在吉林市船营区西安路原依诚勇公祠内，今存吉林市文庙博物馆。

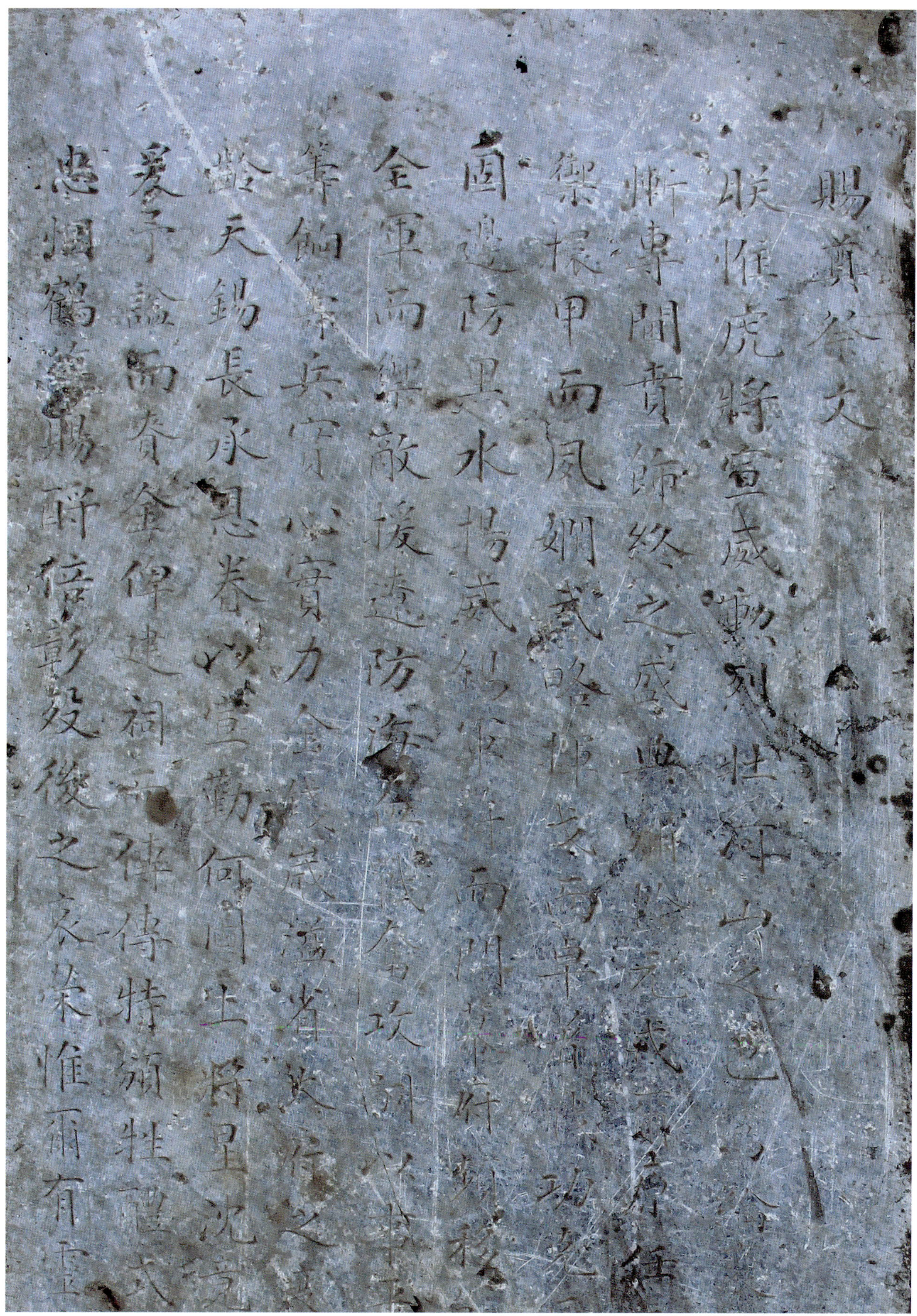

碑身局部

288. 依将军抗倭千山碑

依克唐阿抗倭千山碑 汉文，光绪二十三年（1897）立。碑额额题“芳名万古”。今立于辽宁省鞍山市千山北沟无量观山门外东侧护坡墙南五米。

289. 大清依将军抗倭沈阳碑

依将军抗倭沈阳碑 汉文，光绪二十四年（1898）立。原址在辽宁省沈阳市慈恩寺大雄宝殿南侧，今存沈阳“九・一八”历史博物馆。

碑身

碑阴

290. 尧山将军抗倭纪功沈阳碑

尧山将军抗倭纪功沈阳碑 汉文，光绪二十四年（1898）立。原址在辽宁省沈阳市慈恩寺大雄宝殿南侧，今存沈阳“九·一八”历史博物馆。

碑身

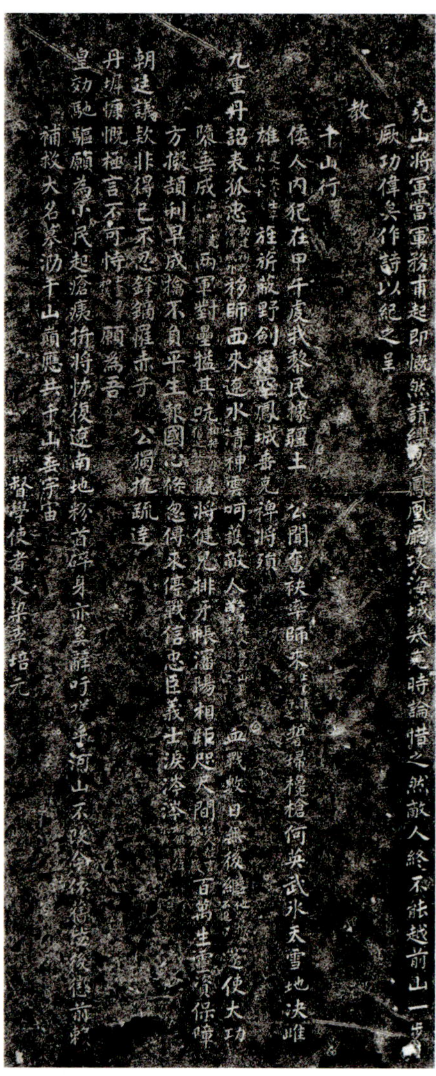

拓片　选自《沈阳碑志》。

碑阴碑身

抗倭碑（右）与抗倭纪功碑（左）

291. 钦命主祭官青州副都统德克吉纳岱庙致祭碑

德克吉纳　光绪二年（1876），赏头等侍卫副都统衔，任哈密帮办大臣。十六年（1890），时任山东青州副都统。在任时受皇帝之命，作为主祭官到泰山致祭东岳之神。

德克吉纳岱庙致祭碑　汉文，光绪十六年（1890）立。今存山东省泰安市岱庙。

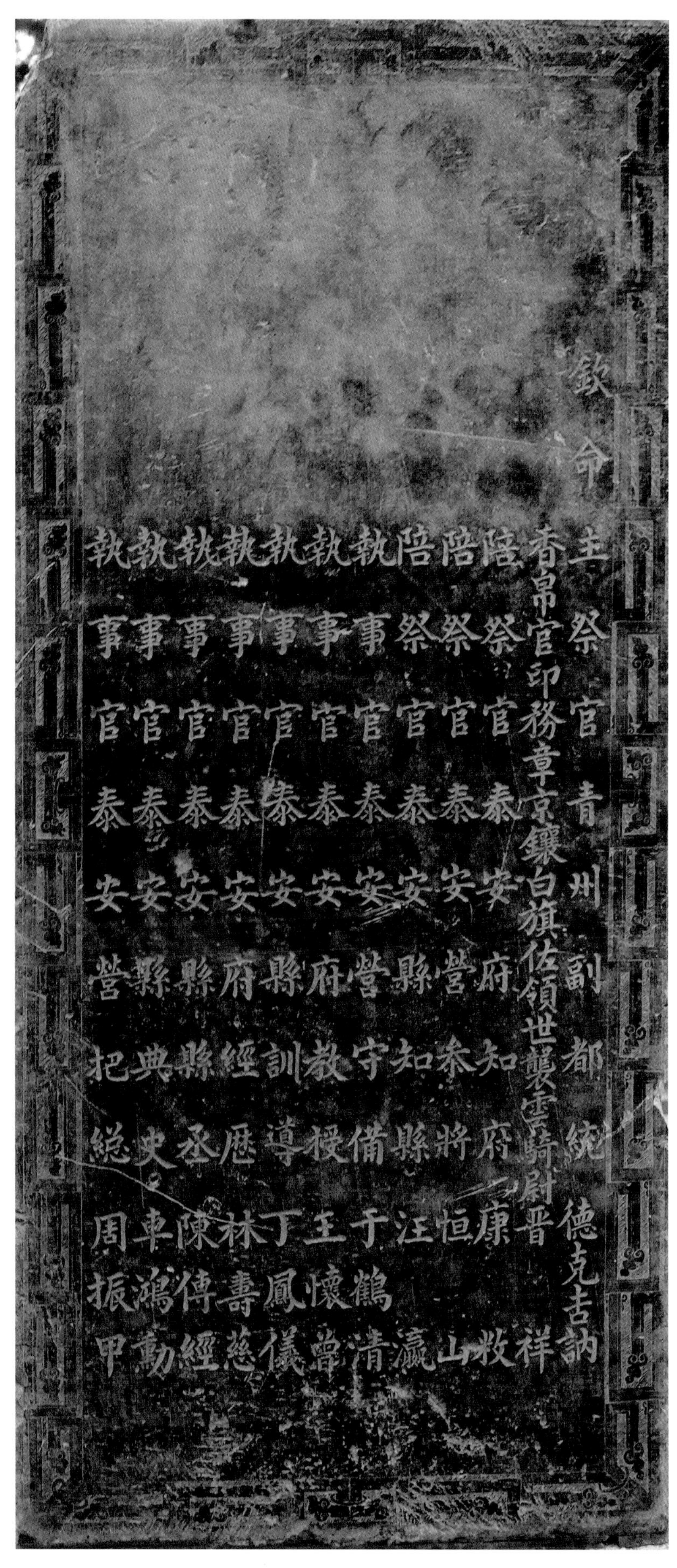
欽命
主祭官青州副都統德克吉訥
香帛官印務章京鑲白旗佐領世襲雲騎尉晋祥
陪祭官泰安府知府康敉
陪祭官泰安營參將恒山
陪祭官泰安縣知縣汪瀛
執事官泰安營守備于鶴清
執事官泰安府教授王懷嘗
執事官泰安縣訓導丁鳳儀
執事官泰安府經歷林壽慈
執事官泰安縣縣丞陳傳經
執事官泰安縣典史車鴻勳
執事官泰安營把總周振甲
碑阴碑身

292. 直隶等处承宣布政使司布政使裕长恢复文庙礼乐记事碑

裕长　原籍吉林长白山。光绪十七年（1891），时任直隶等处承宣布政使司布政使。任内极力倡导恢复文庙的礼乐。为此他在碑中对文庙礼乐规程做了详细的叙述，并希望直隶各府州县能遵行弗替以垂久远。

裕长恢复文庙礼乐记事碑　汉文，光绪十七年（1891）立。今立于河北省保定市莲花池公园内。

莲花池碑林 图中右三为《裕长恢复文庙礼乐记事碑》。

碑身局部（一）

碑身局部（二）

碑身局部（三）

293. 授原任墨尔根头品顶戴副都统格绷额为振威将军封妻伊尔根觉罗氏为一品夫人诰封碑

格绷额　富察氏，满洲正黄旗。其始祖为常寿。咸丰三年（1853），以佐领之职，率部参加镇压农民起义军，因“功”得赏顶戴花翎。四年，随僧格林沁在连镇（今属河北省吴桥县）与太平军作战，被授予“富隆阿巴图鲁”称号，其后加副都统衔记名副都统，授头等顶戴。八年，授墨尔根副都统。英军炮舰进犯，受命勘察天津沿海防务，驻守山海关、天津大沽。十年，在巨野与捻军作战中阵亡。追封为提督衔骁勇都尉并云骑尉世职，谥号“壮愍”。曾以覃恩诰授振威将军，封妻伊尔根觉罗氏为一品夫人。后裔冠姓富。

格绷额及妻伊尔根觉罗氏诰封碑　满汉文合璧，光绪十七年（1891）立。原址在黑龙江省齐齐哈尔市龙江县东北大马蹄岗子屯，今存齐齐哈尔市明月岛将军府。

碑额

额题　汉文“御赐”。

碑身

碑身局部（一）

碑身局部（二）

碑身局部（三）

碑身局部（四）

294. 授原任兴安城副都统衔总管穆克德布为武显将军封嫡妻崔氏继室妻扎库塔氏为夫人诰封碑

穆克德布　汉姓周，驻防呼兰城。咸丰三年（1853），率黑龙江甲兵增援与太平军作战的淮军。同治二年（1863），苗沛霖叛，率黑龙江骑兵千人助剿，未及行而沛霖诛。三年，率礼字二营从清水、金贵等地奔赴宁夏，增援都兴阿镇压回民起义。六年，随穆图善入甘肃，战洮河，因战功卓著，加副都统衔，赐号“奇车博巴图鲁”。十三年，补荆州副都统，两护将军印。光绪十年（1884），乞休，回归乡里。在任时湖北遭天灾，饥民甚多，穆克德布捐出俸禄，救济灾民，并会同湖北巡抚奏请朝廷赈济灾民，救数万人。享年六十六岁。曾以覃恩诰授振威将军，封妻崔氏、继室妻扎库塔氏为一品夫人。

穆克德布及妻崔氏等诰封碑　满汉文合璧，光绪十七年（1891）立。原址在黑龙江省齐齐哈尔市龙江县东北大马蹄岗子屯，今存齐齐哈尔市明月岛将军府。

碑额

额题　汉文“御赐”。

碑身

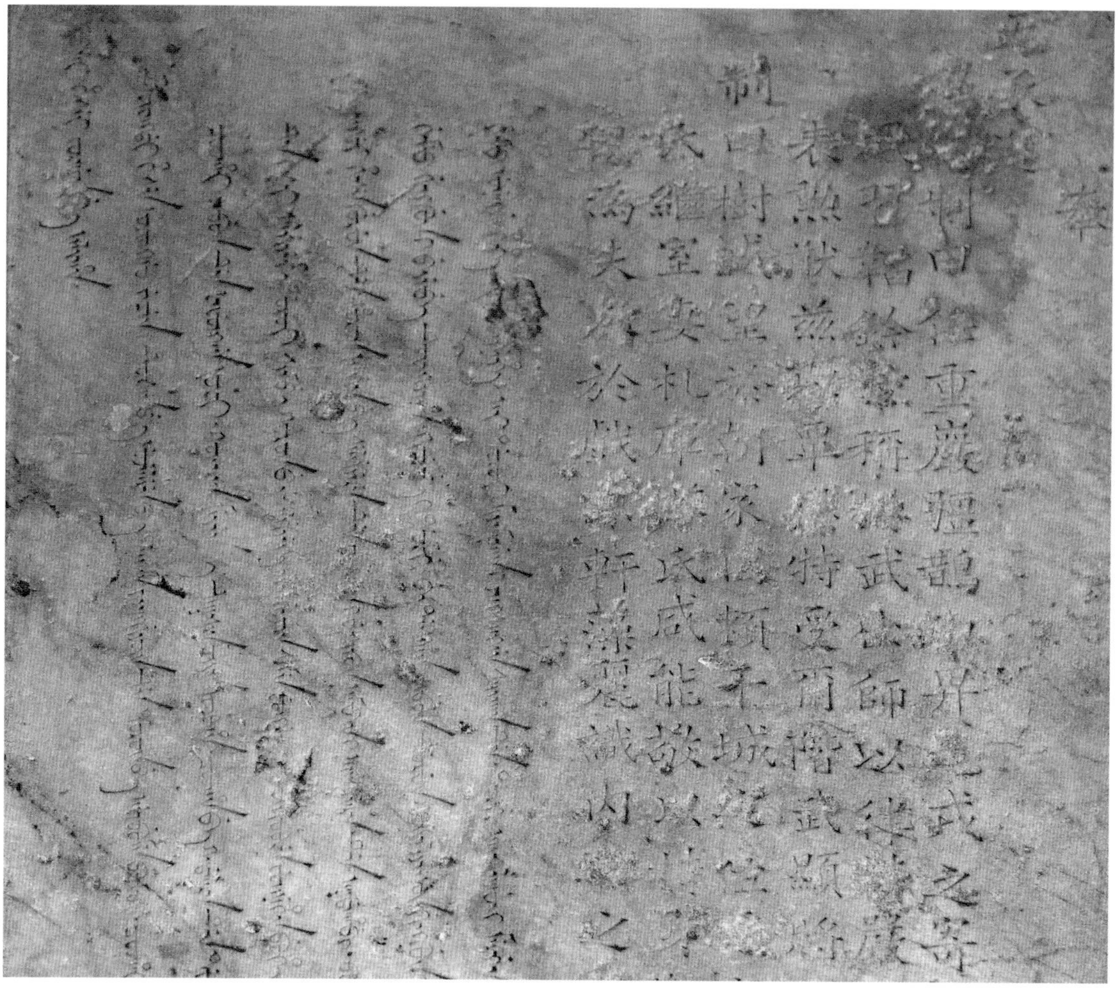

碑身局部（一）

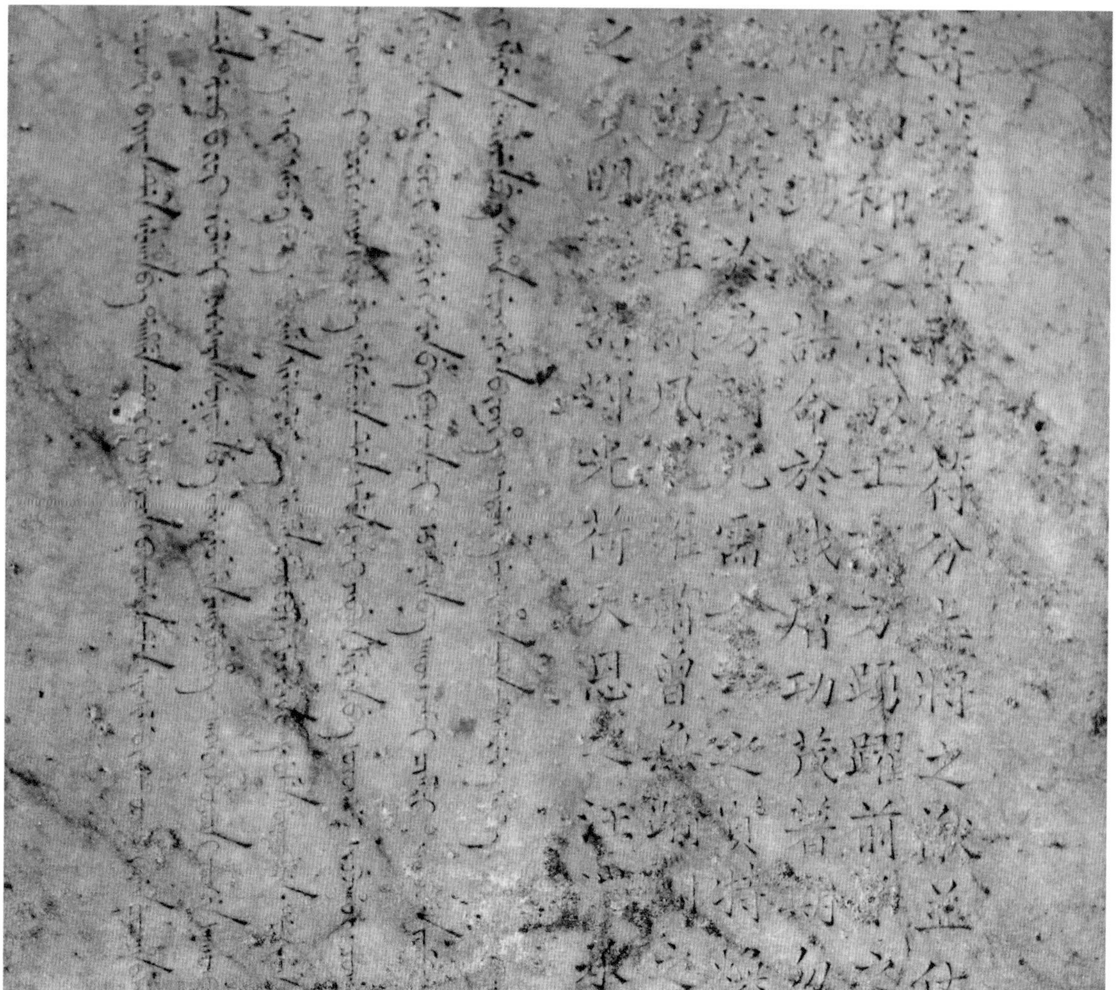

碑身局部（二）

碑身局部（三）

碑身局部（四）

295. 吉林协领全福等重修吉林观音岭关帝庙碑

全福　光绪十八年（1892），时任吉林驻防满洲八旗协领。任内经办重修吉林观音岭关帝庙。

全福等重修吉林观音岭关帝庙碑　汉文，光绪十八年（1892）立。原址在吉林省吉林市观音岭关帝庙（武圣庙），今立于吉林市船营区远大村灵岩寺。

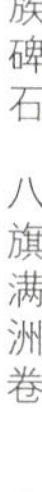

碑身

碑阴

296. 山东按察使松林泰山摩崖石刻

松林　巴雅尔氏，满洲镶黄旗，原籍长白山。由笔帖式累升至给事中。外任临安知府、云南粮储道、山东按察使、山东布政使。在泰山题刻时任山东按察使。回京任顺天府府尹，后因病解任。其后起任内阁侍读学士。光绪二十六年（1900），八国联军犯京师时，分守东直门，亲自指挥火炮，奋勇抵抗，被炸阵亡。

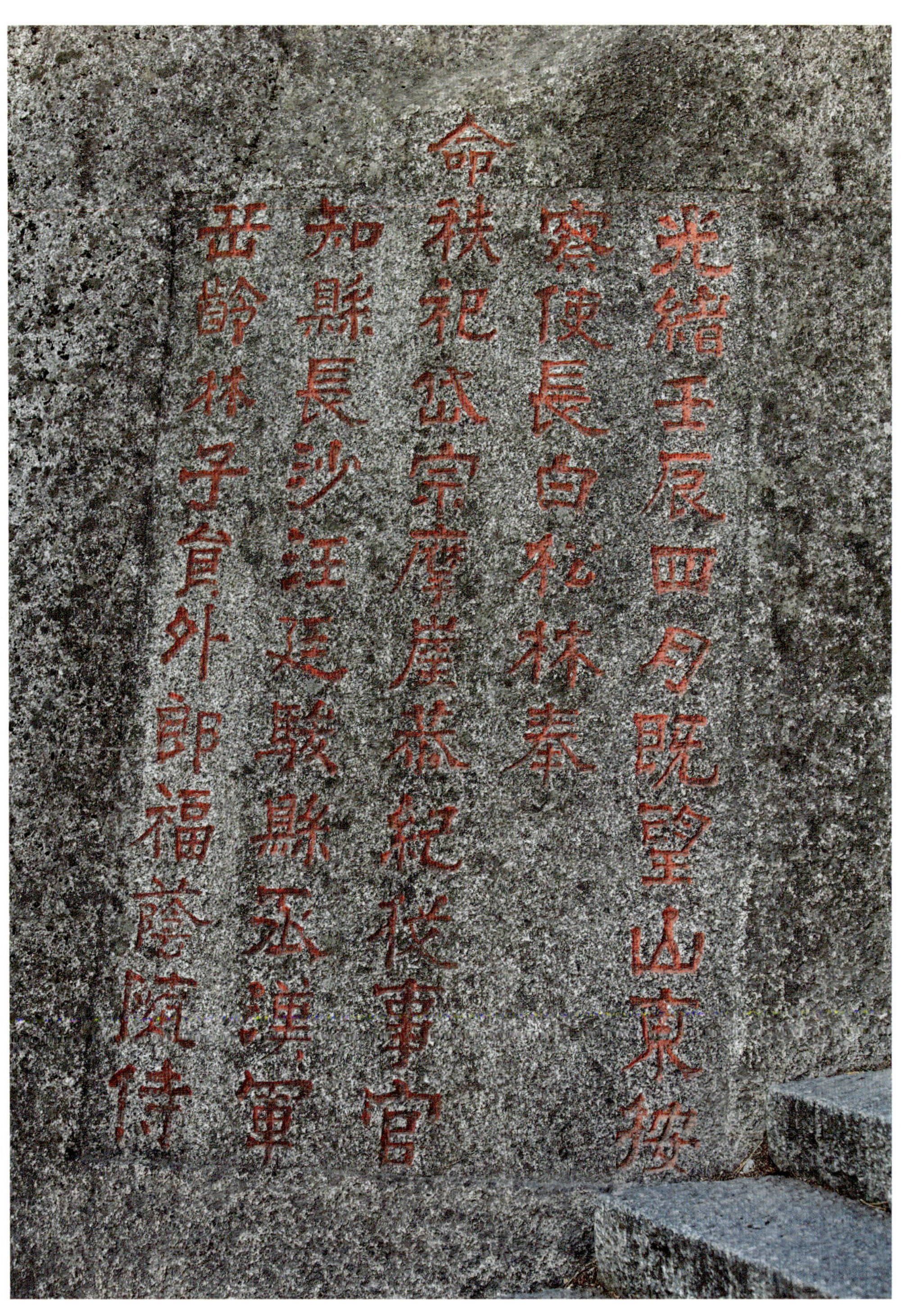

松林泰山摩崖石刻　汉文，光绪十八年（1892）题。今石刻立于山东省泰安市泰山崖壁。

297. 皇清诰封武显将军玛尔汉神道碑

玛尔汉　兆佳氏，满洲正白旗。生于天聪八年（1634）。顺治十一年（1654），由翻译举人授工部七品笔帖式，后升至刑部员外郎。康熙十三年（1674），以署骁骑参领从征王辅臣。十五年，王辅臣降，返回京师。随后出征兴安、汉中、湖广、云贵，得功牌十二；其间得授御史之职。二十六年，任理藩院司务，从索额图参加划定与沙俄的边界，得到赞誉，遂升任户部郎中。其后历任翰林院侍讲学士、兵部侍郎、左都御史、兵部尚书、经筵讲官、议政大臣。四十八年，以病乞休。五十七年，去世，享年八十五岁，赐祭葬。雍正八年（1730），加赠太子太傅。乾隆元年（1736），赐号“恭勤”。

玛尔汉神道碑　汉文，光绪十九年（1893）立。原址在吉林省吉林市丰满区榆树村，今存吉林市文庙博物馆。此碑系玛尔汉后人于光绪十九年重新确定祭田和坟地而立的神道碑。

碑额　额题汉文“龙章宠锡”。

碑阴碑额　额题汉文“龙章宠锡”。

碑身

碑阴碑身

298. 吉林将军长顺修复完颜希尹碑记碑

长顺　郭博罗氏，字鹤汀，满洲正白旗。世居布特哈。道光十九年（1839），出生。初任蓝翎侍卫。同治三年（1864），已升任一等侍卫，其后任副都统。八年，署乌里雅苏台将军，后因事被免。光绪二年（1876）以后，署巴里坤领队大臣、哈密帮办大臣，后任汉军正白旗都统、内大臣。十四年，任吉林将军，到任即赈灾荒、维圆法、均厘榷、澄吏治、清盗源、整旗务，境内一切皆治办；又编修《吉林通志》。二十五年，再次出任吉林将军。庚子之变时，不战而降，让沙俄侵略者入城。三十年，去世，享年六十六岁，赠太子少保，授一等轻车都尉，谥号“忠靖”。

长顺修复完颜希尹碑碑记　汉文，光绪二十年（1894）立。今立于吉林省舒兰市马路村。

碑身

299. 吉林将军长顺捐资观音岭武圣庙碑

长顺捐资观音岭武圣庙碑 汉文，光绪二十二年（1896）立。今立于吉林省吉林市远大村灵岩寺。

欽命頭品頂戴督辦吉林邊務事宜守吉林等處地方將軍兼理打牲烏
拉揀選官員等事恩特赫恩 魯長 施銀肆仟伍佰兩
環郡城之山以數十計其西二 五里曰 觀音嶺雄峻險拔足為
有事之備嶺昔有古刹在為
武聖廟廟之祀 武聖也關以外所在皆是郤青門謂生為萬人敵沒而
以靈為神凡疆徼外之人莫不 賴乞靈恐後者其信然歟廟故規制
庳隘年久益剝蝕建始年月無可 歲丙申布特哈 將軍長公首捐
廉俸以為斯廟官吏以下咸樂書捐庀材鳩工丹堊有耀費容磯齊閎
數年而工竣登斯嶺也瞻廟貌之年新瞭山巒之擁護其所以福佑斯
民而益妥神靈者蓋有在矣於是書

碑身

碑阴碑身

300. 吉林将军长顺舍粥德政碑

长顺舍粥德政碑 汉文，光绪二十年（1894）立。碑阴遭涂抹，难以辨认。原址在吉林省吉林市朝阳门里祖师庙内，今存于吉林市文庙博物馆。

301. 吉林将军长顺功德碑

长顺功德碑 汉文，光绪三十二年（1906）立。原址在吉林省吉林市长忠靖公祠院内，今存吉林市文庙博物馆。

碑身

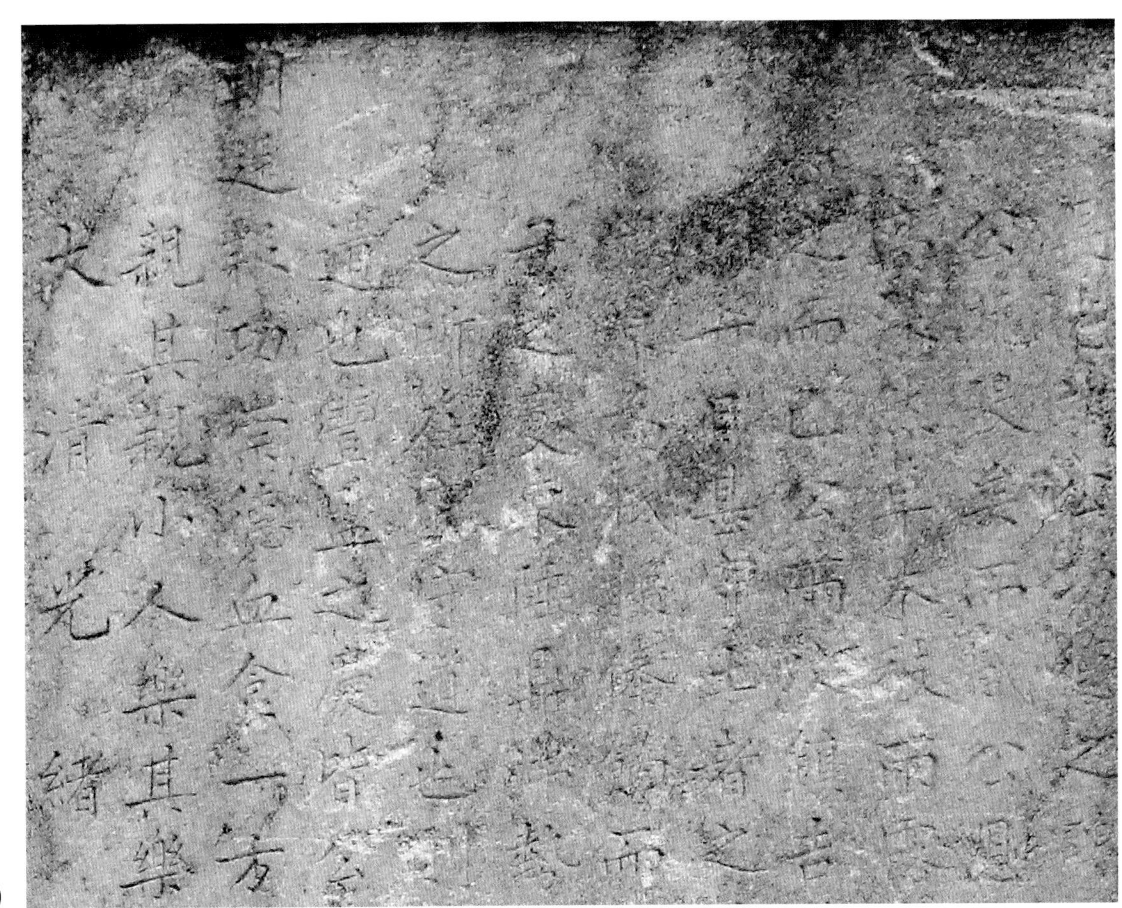

碑身局部（一）

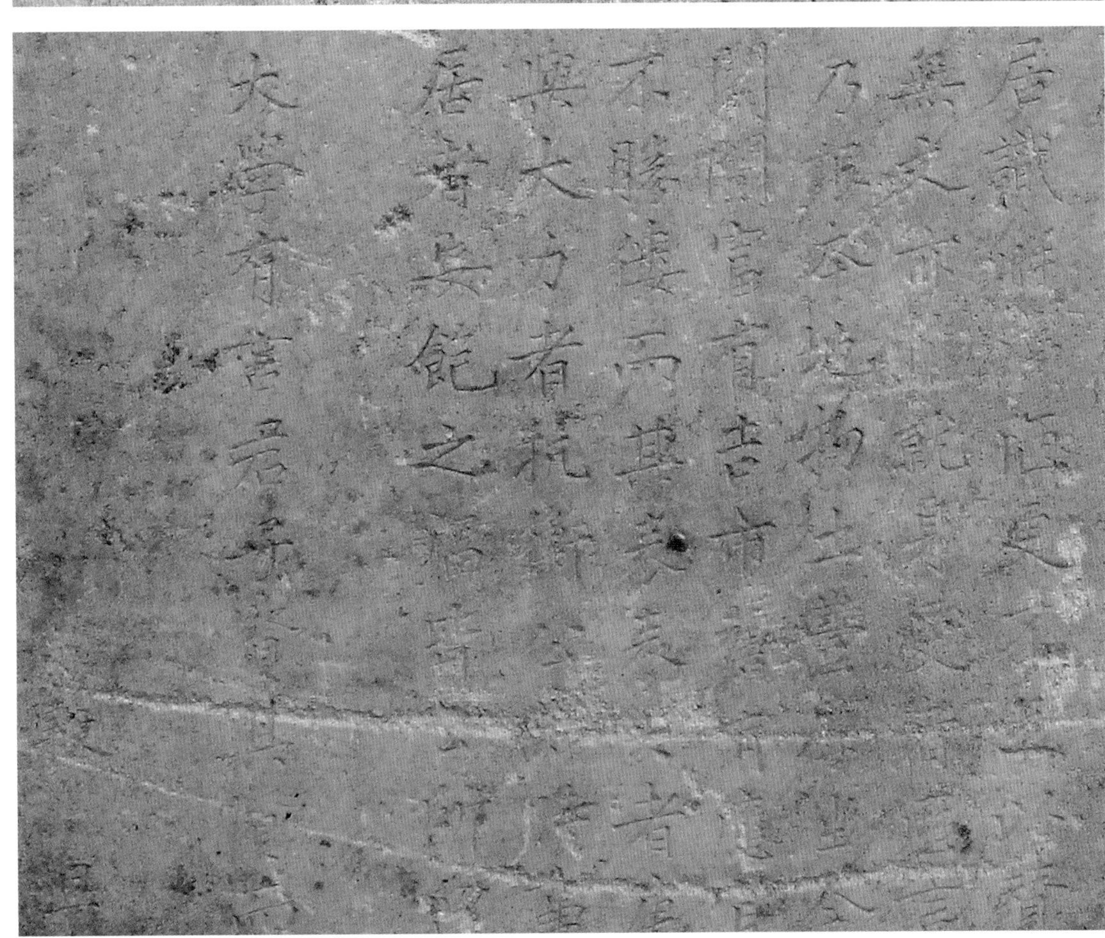

碑身局部（二）

302. 皇清诰封刑部侍郎胡什他家族碑

胡什他　焉哲勒氏，盛京满洲正蓝旗。诰封刑部侍郎，为白云寨阿家沟（今辽宁省本溪市平山区富家村）焉哲勒氏始祖。其家族后代为官者不乏其人，有员外郎、防御、佐领、领催、笔帖式、五品前锋等。光绪二十年（1894），众子孙以其为始祖立碑。

胡什他家族碑　汉文，光绪二十年（1894）立。今立于辽宁省本溪市平山区富家村后山。

碑额

额题　汉文“百世不朽”。

碑身

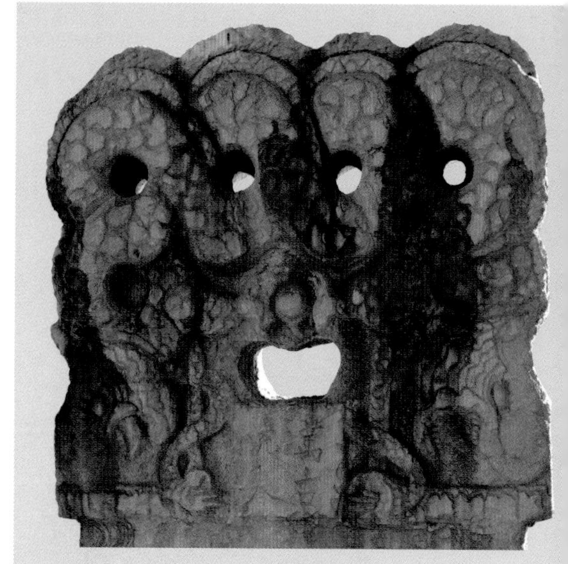

碑阴碑额

额题 汉文“万古流芳”。

碑阴碑身

303. 福州将军钦差大臣会办东三省练兵事宜吉林穆图善专祠碑

穆图善　那哈塔氏，字春岩，满洲镶黄旗。世居黑龙江齐齐哈尔。初以骁骑校升任参领。同治元年(1862)，任西安左翼副都统。三年，任荆州将军。次年，调任宁夏将军，主甘肃军务，其间两署陕甘总督。光绪元年（1875），署汉军正白旗都统。光绪三年（1877），任察哈尔都统。五年，任福州将军。十一年，任钦差大臣，会办东三省练兵事宜。次年，军中病故。谥号“果勇”。

穆图善专祠碑　汉文，光绪十八年（1892）立。原址在吉林省吉林城朝阳门内公祠里（今吉林市第一实验小学后胡同），今存吉林市文庙博物馆。

碑身局部（一）

碑身局部（二）

碑身

碑阴　漫漶严重，仅可识别部分文字。

304. 福州将军钦差大臣会办东三省练兵事宜穆图善福州汉文圣旨碑

穆图善福州汉文圣旨碑 光绪年间。今存福建省福州市于山九仙观内碑廊。

碑额

额题　汉文“圣旨”。

朕維嚴疆作鎮眷鞠躬盡瘁之臣冊府書勳重崇德報功之典播隆恩於奕葉嘉成績於當年艱鉅克
旌揚宜至爾福州將軍穆圖善秉資桓武賦性樸忠從戎歷三十年轉戰越八千里馮異本起家主簿
宗能制勝偏師初從河朔之郊繼入漢南之域孫吴韜貫黄巾聞名而自諱關隴威加白帽相謂以無
錫之勇號功在
先朝洎乎建節閩中誓師海表島酋犯順郊壘戒嚴仗鉞以麾戰士識鑿凶之義湛船而渡將軍有必死之心
則犄角不技藩籬誤撤狎敵之漸議奪於養威恃險之謀勇乖於重閉既墜犬羊之詐遂驚鵝鸛之軍
爾前茅獨攖固險據胡床而坐壘口誓已忘身布鐵蔾而塞歸途義無反顧卒能好整以暇易敗爲功
此孤忠足風有位矣屬以三邊籌備萬里移旌況瘁不辭規爲甫定據鞍矍鑠時存報國之心建策使
特著屯田之議方冀銷兵虎落屹若長城何期掩景蠶弥摧兹大樹既殊施於加奠更榮賜以易名爰
生平謚曰果勇於戲名高海嶠部民留墮淚之碑氣作山河國史定褒忠之筆偉哉遠略耀此貞珉
翰林院編修臣鄭叔忱沐手敬謹書丹

碑身

305. 福州将军钦差大臣会办东三省练兵事宜穆图善福州满文圣旨碑

穆图善福州满文圣旨碑 光绪年间。今存福建省福州市于山九仙观内碑廊。

碑额

额题　满文，汉译“圣旨”。

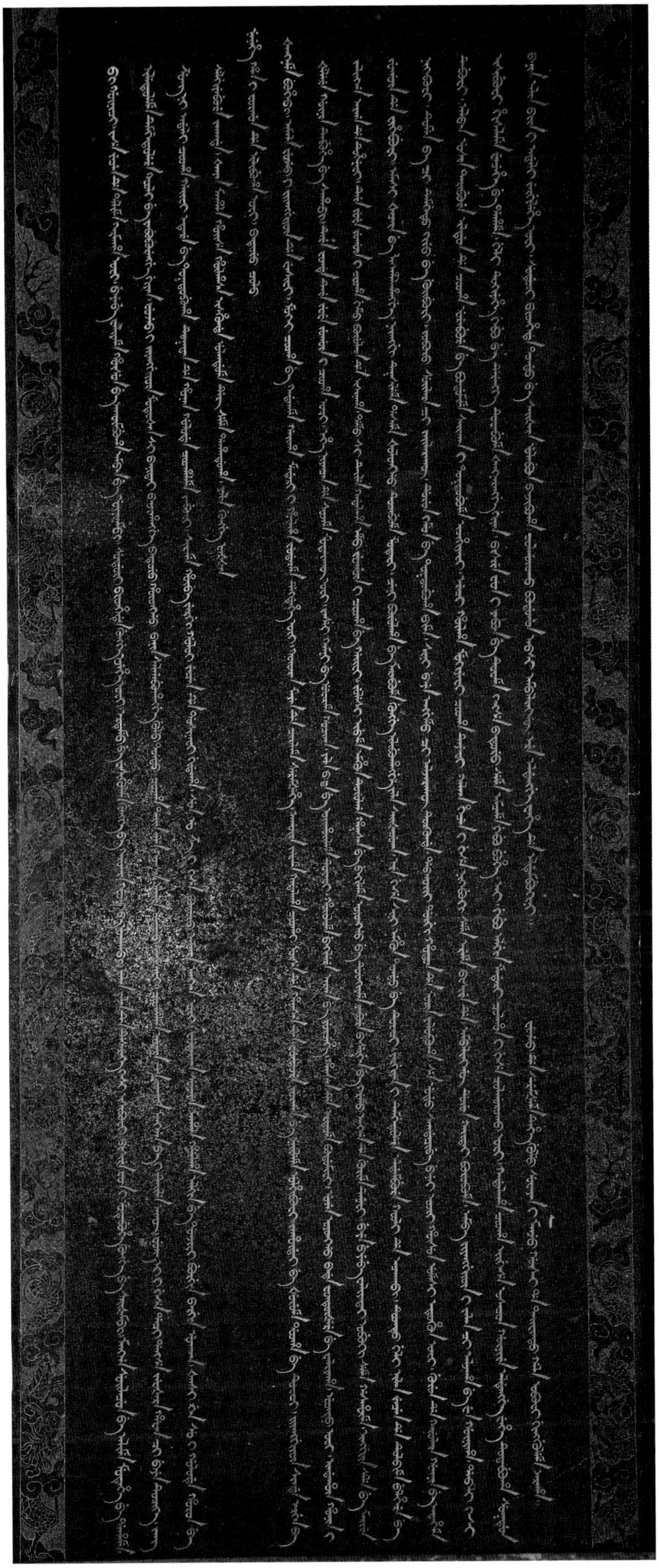

满文碑身

306. 福州将军钦差大臣会办东三省练兵事宜穆图善齐齐哈尔御赐碑

齐齐哈尔穆图善墓碑 汉文，光绪年间立。今存黑龙江省齐齐哈尔市明月岛重修黑龙江将军府院内。

碑身

碑额

额题 汉文“御赐”。

碑身局部（一）

碑身局部（二）

307. 副都统靖边军统领明顺重修吉林小镶兰旗屯关帝庙碑

明顺　字月川，瓜尔佳氏，满洲正白旗。初从僧格林沁镇压捻军，　“叙功”赐号“裴凌阿巴图鲁”，历任富克锦协领、靖边中路统领、吉林省练军马步兵全营翼长。光绪二十四年（1898），任金州副都统。二十六年，任三姓副都统，又任武卫军统领，其后解甲归田，享年六十四岁。

明顺重修小镶兰旗屯关帝庙碑　汉文，光绪二十三年（1897）立。碑额额题“永垂不朽”；碑文记载了家史及重修关帝庙的经过。今碑文难以辨认。原址在吉林省吉林市小兰旗屯关帝庙内，今存吉林市文庙博物馆。

308. 四川军务大臣太子少保尚书衔四川全省提督格洪额德政碑

格洪额　历任四川军务大臣、太子少保、尚书衔四川全省提督军门、总统毅字马步全军、二等轻车都尉世职。赐号“巴图鲁”（汉译“勇士”）。

格洪额德政碑　汉文，光绪二十五年（1899）立。根据仅能识别的碑阴碑文判断，应该是记载格洪额的生平事迹。今存辽宁省瓦房店市复州文庙。

碑身局部（右上）

碑身局部（右下）

碑阴局部（一）

碑阴局部（二）

309. 诰赠通议大夫他塔喇氏富绅布墓志铭碑

富绅布　他塔喇氏，汉姓唐，满洲镶红旗。祖父为佐领。富绅布生于道光十八年（1838）。初依克唐阿奉命征剿吉林“马贼”，受邀佐军。在高阳树遭遇千余“马贼”，他以智勇率众，活捉贼首。其后，告归乡里，耕读教子。光绪八年（1882），家居二十余年后，再次受依克唐阿之请赴珲春，佐理庶政。十年，在军中去世，时年四十六岁。曾以覃恩诰封通议大夫。有三子，第三子魁升官至奉天省长；有一女，嫁给成多禄。

富绅布墓志铭碑　汉文，光绪二十五年（1899）立。今立于吉林省永吉县官马山唐氏家族墓地右侧。碑额额题“永垂不朽”。碑阳题“万古流芳”四字，为成多禄所书。碑阴碑文漫漶严重，难以辨认。

310. 诰赠通议大夫富绅布妻依尔根觉罗氏太淑人墓志铭碑

依尔根觉罗氏太淑人　世居吉林城南鳌哈达。生于道光十五年（1835），年十六嫁给通议大夫富绅布，生三子、一女。光绪二十四年（1898），去世，享年六十四岁。曾以覃恩诰封淑人。

富绅布妻依尔根觉罗氏墓志铭碑　汉文，光绪二十五年（1899）立。今立于吉林省永吉县官马山唐氏家族墓地左侧。碑额额题“徽音宛在”。碑阳题“永丰式碑”四字，为成多禄所书。碑阴碑文漫漶严重，难以辨认。

311. 皇清诰授建威将军头品顶戴镇守吉林三姓等处副都统保成神道碑

保成　库雅拉氏，满洲正红旗。道光十九年（1839），出生。承袭曾祖、祖父、父恩骑尉世职。咸丰十年（1860），以参领参与镇压捻军。同治九年（1870），回到本旗。光绪三年（1877），为吉林练军营总，后补授珲春正红旗佐领。九年，委以练军统领剿捕各处“马贼”。十年，调任靖边右路统领。十二年，拣放拉林协领，驻防珲春，后调任省城正黄旗协领。二十三年，办理吉林军务，为马步全军翼长，赏加头品顶戴。二十四年（1898），署理伯都讷副都统。次年，任三姓副都统。二十六年，任上因病去世，享年六十二岁。任内共得加级记录十三次。曾诰授建威将军。

保成神道碑　汉文，光绪二十八年（1902）立。原址在吉林省吉林市西郊吉兴村，今存吉林市文庙博物馆。

额题　汉文“流芳百世”。

碑额

碑身局部

碑身

312. 瓜尔佳氏石河寨墓志碑（一）

哈占　瓜尔佳氏，满洲镶红旗。始祖穆哈达世居瓦尔喀地方，其曾孙噶锡屯同族人归附努尔哈赤，授二等阿达哈哈番；设佐领，令其子业楞额统之。顺治初年，从龙入关。哈占原任防御，后升城守尉。哈占之子佟住，原任笔帖式，后升任户部郎中，约在康熙中期，由北京迁移盛京驻防，将其父移葬盛京石河寨东偏卜（今辽宁省本溪市辖区）。从此将哈占视为石河寨瓜尔佳氏的始祖。佟住兄弟及子孙多人先后在八旗中为官，并获授世职。同治二年（1863），哈占已传至八代。

石河寨瓜尔佳氏,在同一地立有相隔43年的两通碑。碑中所载内容基本相似，略有差异；两碑碑文部分抄自《八旗满洲氏族通谱》。同治二年碑记载哈占为七世孙；光绪三十二年碑记载哈占为六世孙；《八旗满洲氏族通谱》记载哈占为五世孙。因哈占是石河寨瓜尔佳氏承上启下的人物，故以此为题。

瓜尔佳氏石河寨墓志碑（一）　满汉文合璧，同治二年（1863）立。原址在辽宁省本溪市平山区河东村小黄板峪沟口，今存本溪市平顶山碑林。

碑身

碑阴碑身

碑身局部

碑额 额题“万古不朽”。

平顶山碑林外景

313. 瓜尔佳氏石河寨墓志碑（二）

瓜尔佳氏石河寨墓志碑（二） 汉文，光绪三十二年（1906）立。原址在辽宁省本溪市平山区河东村小黄板峪沟口，今存本溪市平顶山碑林。

碑额 额题汉文“永垂不朽”。

碑身局部

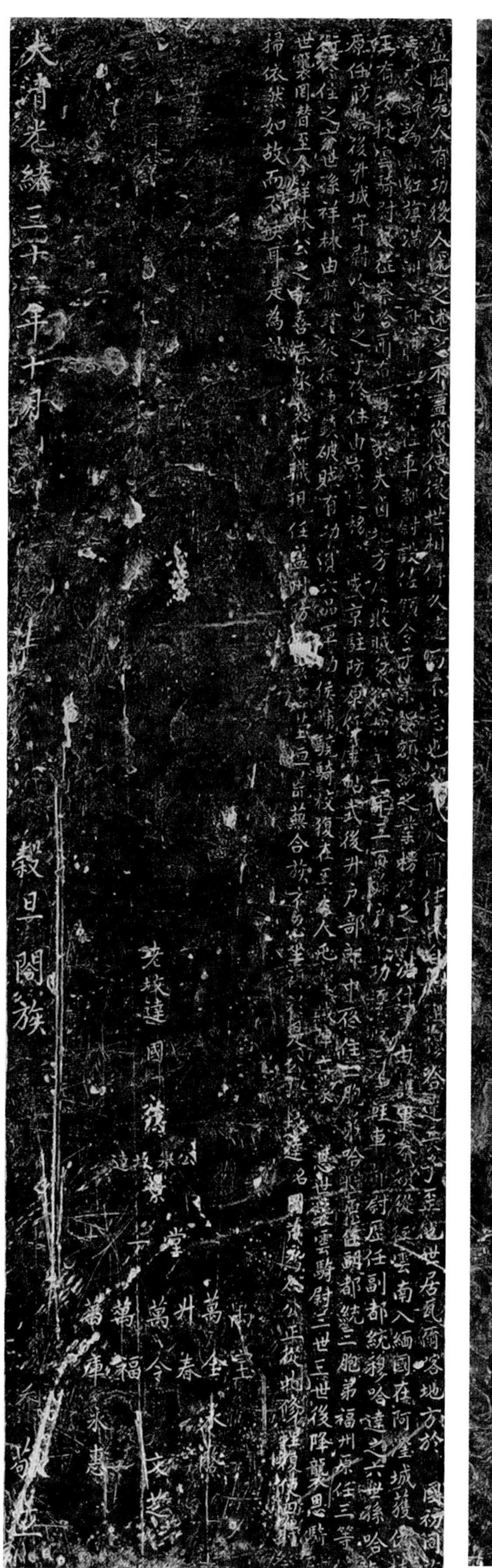

拓片 选自《本溪碑志》。

碑阴碑身拓片 选自《本溪碑志》。

碑阴碑身局部

碑林内景

314. 两江总督端方命保护南京明孝陵碑

端方　拖忒克氏，字午桥，满洲正白旗。生于咸丰十一年（1861）。由荫生中举人，初任员外郎。光绪二十四年（1898），任直隶霸昌道，历任管京师农工商局、陕西按察使、陕西布政使、代理巡抚、河南布政使、湖北巡抚、代理湖广总督、江苏巡抚、代理两江总督、湖南巡抚。三十二年，升任两江总督。宣统元年（1909），任直隶总督。三年（1911），以侍郎督办川汉、粤汉铁路，率师入川，所部哗变被杀，时年五十一岁。赠太子太保，谥号“忠敏”。任职期间，曾出国考察，回国后编《欧美政治要义》献上，议改立宪自此始。创建学堂和图书馆，派遣大批学生出国留学。笃嗜金石书画，收藏颇为丰富。任两江总督时下令保护南京明孝陵，立特别告示碑。

两江总督端方命保护南京明孝陵碑　日、德、意、英、法、俄六种文字，宣统元年（1909）立。今存江苏省南京市明孝陵。碑额额题“特别告示”。

315. 驻防新疆巴里坤城都统纳尔济保安碑

纳尔济　驻防新疆巴里坤城都统。同治四年（1865），大批阿古柏叛军强袭巴里坤，逼近满汉两城。纳尔济与当地军民同舟共济，亲历戎行，勉励官兵，击溃了来犯之敌，保住了边城。待援军到后，巴里坤又作为根据地，全力支援收复全疆。纳尔济等为维护国家统一做出了贡献。为追忆当年他指挥军民誓守孤城之功绩，镇西统领多凌撰文并勒石以垂不朽。

纳尔济保安碑　汉文，1917年刻。今立于新疆维吾尔自治区巴里坤哈萨克自治县城南两公里处。

碑亭

碑身局部

316. 奉天省辽沈道道尹荣厚去思碑

荣厚　字淑章，原籍长白山，满洲镶蓝旗。北洋政府时期任奉天省内务司司长。民国三年（1914），始任奉天省辽沈道道尹，治所在营口，辖二十二个府县，任职六年。八年起，调任黑龙江、吉林两省财政厅厅长。在任职营口期间，为政廉明，疏浚辽河，整饬炉银，助商家解困等，颇有赞誉之声。十一年，即调任三年后为其立去思碑，以示敬意，永志不忘。

荣厚去思碑　汉文，民国十一年（1922）立。今存辽宁省营口市博物馆。本图片由营口市博物馆提供。

碑身局部（上）

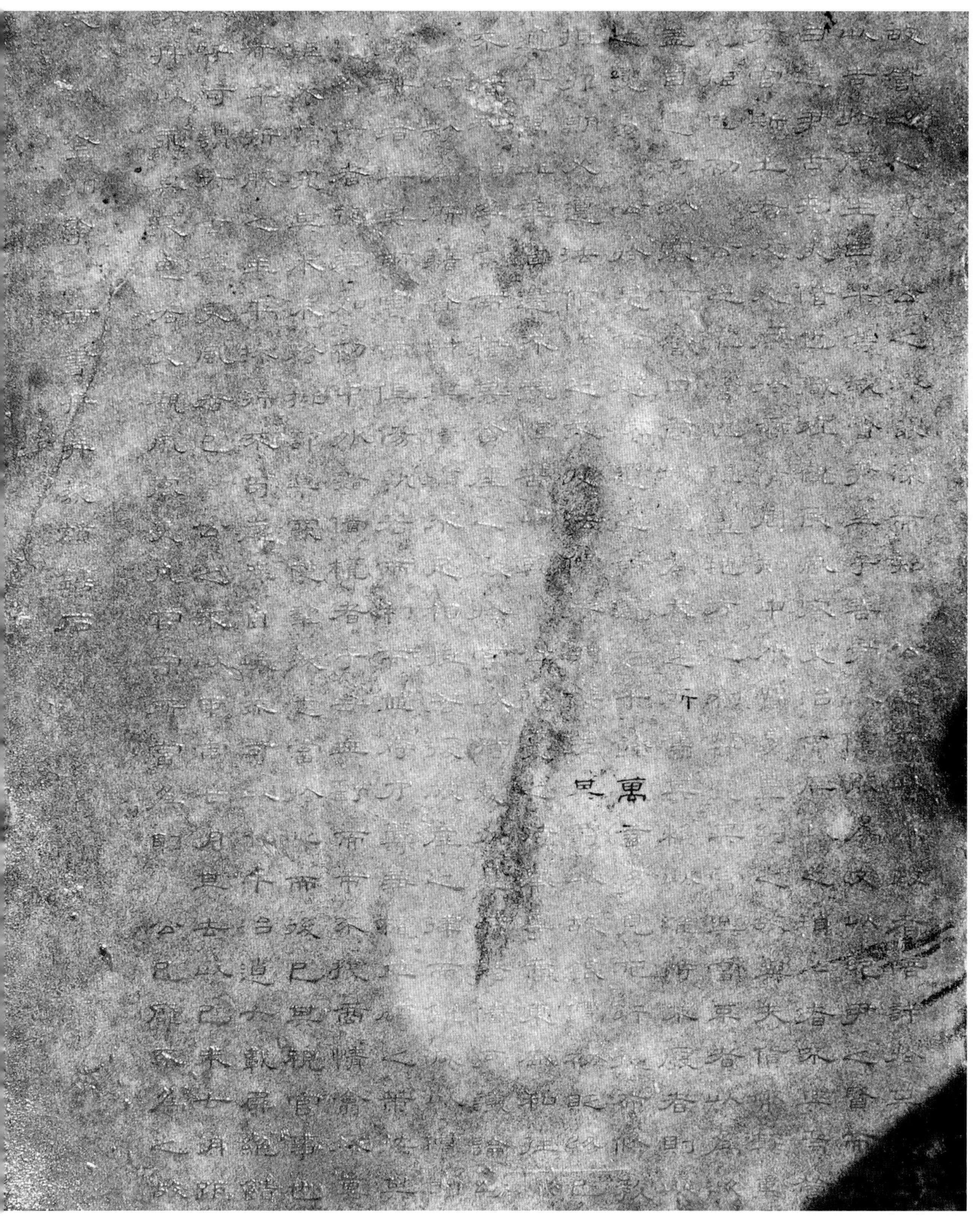

碑身局部（下）

317. 定南将军德音墓志碑

德音　姜佳氏，满洲正黄旗。族谱与墓碑记载，其父佑功原居山东登州，渡海归附皇太极，授建威将军，驻防凤凰城。从征明，勇敢善战，屡立战功，赐号巴图鲁，居辽东二十年，后随军入关。《八旗满洲氏族通谱》记载，姜佳氏世居宁古塔。德音为佑功次子，凤城姜氏二世祖，自少从军，初任骁骑校，勇敢善战。康熙时期，历任左都御史、满洲正黄旗都统。特授定南将军，率军征讨三藩叛乱，在云南阵亡。谥号“武壮”，赐祭葬，准予子孙世袭云骑尉。葬于凤凰城南老虎洞。有四子：长子哈什泰、次子依什泰、三子爵瑚图、四子瑚什布。

定南将军德音墓志碑　汉文，原碑康熙四十一年（1692）立，已毁无存。伪康德七年（1940）重建，今立于辽宁省凤城市老虎洞村东。《姜氏族谱》记载原碑康熙三十一年立，与碑中记载不同。

碑身

碑阴碑身

318. 绥北将军依什泰墓志碑

依什泰　姜佳氏，满洲正黄旗，德音次子，凤城姜氏三世祖。康熙二十六年（1687），奉命镇守辽东，驻防法库，时称绥北将军。卸任后世居凤城老虎洞，成为名门望族。

绥北将军依什泰墓志碑　残碑，汉文，原碑康熙五十二年（1713）立，已毁无存。伪康德七年（1940）重建，今立于辽宁省凤城市老虎洞村东。

碑阴碑身

319. 副都统爵瑚图墓志碑

爵瑚图　姜佳氏，满洲正黄旗，德音第三子，凤城姜氏三世祖，世袭云骑尉。自幼从军，骁勇善战，战功卓著，历官至副都统，钦加一品衔。康熙二十六年（1687），为巩固东北“祖宗”发祥之地，奉命镇守辽东，驻防凤凰城。保境安民二十年，颇著劳绩，因积劳成疾卒于任内。

副都统爵瑚图墓志碑　汉文，原碑康熙五十二年（1713）立，已毁无存。伪康德七年（1940）重建，今立于辽宁省凤城市老虎洞村东。

碑阴碑身

320. 领催色钦墓碑

色钦　姜佳氏，满洲正黄旗。德音长子哈什泰孙，即凤城姜佳氏五世祖。任职领催，负责本佐领登记册档、支领官兵俸饷等事务。

领催色钦墓碑　汉文，光绪十八年（1892）立。今立于辽宁省凤城市老虎洞村东。

碑阴碑身

321. 通化镇守使刘崇元墓碑

刘崇元　字子衡，宁古塔氏，满洲镶蓝旗。始祖雅穆什达世居长白山绥芬地方，后率部一百五十人归附努尔哈赤，迁居赫图阿拉。三世祖那底随世祖入关，移驻北京。四世祖分为四支，满丕为第四支，承袭二等轻车都尉世职，任兵部侍郎兼佐领。其子孙在乾隆年间被派往兴京驻防，至伪康德八年(1941)，已有二百余年。崇元生于光绪十年(1884)，为第四支第十世，幼年攻读，毕业于奉天政法学堂。为官二十余年，曾任通化镇守使，卒于1938年，时年五十五岁。

刘崇元墓碑　汉文，伪康德八年（1941）立。今立于辽宁省新宾满族自治县砬嘴村西两百米山脚下。

322. 重修岳乐顺墓碑

岳乐顺　兀扎拉氏，满洲正红旗。祖居瓜尔拜地方，尼喀达时归附努尔哈赤。天聪七年（1633），由闲散随从贝勒岳托等征明。攻旅顺口时，乘船进击至城下，奋勇先登，力战阵亡。赠拜他喇布勒哈番世职，无嗣，弟雅吗善承袭，后三遇恩诏加至二等轻车都尉，直到雍正年间六世孙白奇图仍承袭三等阿达哈哈番。

重修岳乐顺墓碑　汉文，2004年重立，今横卧于辽宁省新宾满族自治县上夹河镇。

碑阴

323. 驻防热河镶黄旗满洲马甲文兴之妻关氏奉旨旌表贞节碑

文兴　原驻防热河镶黄旗满洲马甲，英年早逝。元配妻吴门关氏清贫守义五旬。乾隆五十六年（1791），奉旨立旌表贞节碑。

奉旨旌表贞节碑　汉文，乾隆五十六年（1791）立。今存河北省承德市避暑山庄碑林。

324. 差丁赵公武木普墓碑

武木普　伊尔根觉罗氏，汉姓赵，满洲镶蓝旗。根据武木普墓碑和赵氏族谱记载及族内老者访谈，赵氏家族原属海西女真辉发部，老姓伊尔根觉罗。努尔哈赤将其征服后编入满洲镶蓝旗。曾居赫图阿拉南杂木等地，后迁至盛京东南的榆树堡。顺治四年（1647），奉调吉林打牲乌喇当差，率族人迁居松花江西岸的通溪屯。三年后又迁居江东，定名曰镶蓝旗屯（今吉林市龙潭区南兰屯），由此始立宗谱，并以武木普为始祖。顺治四年至嘉庆二年（1647—1797），赵氏家族共历六代，近150年。赵氏家族族人除聚居在南兰屯及吉林市之外，还散居在东北和其他各地。

武木普墓碑　满汉文合璧，嘉庆二年（1797）立。今立于吉林省吉林市龙潭区南兰屯。

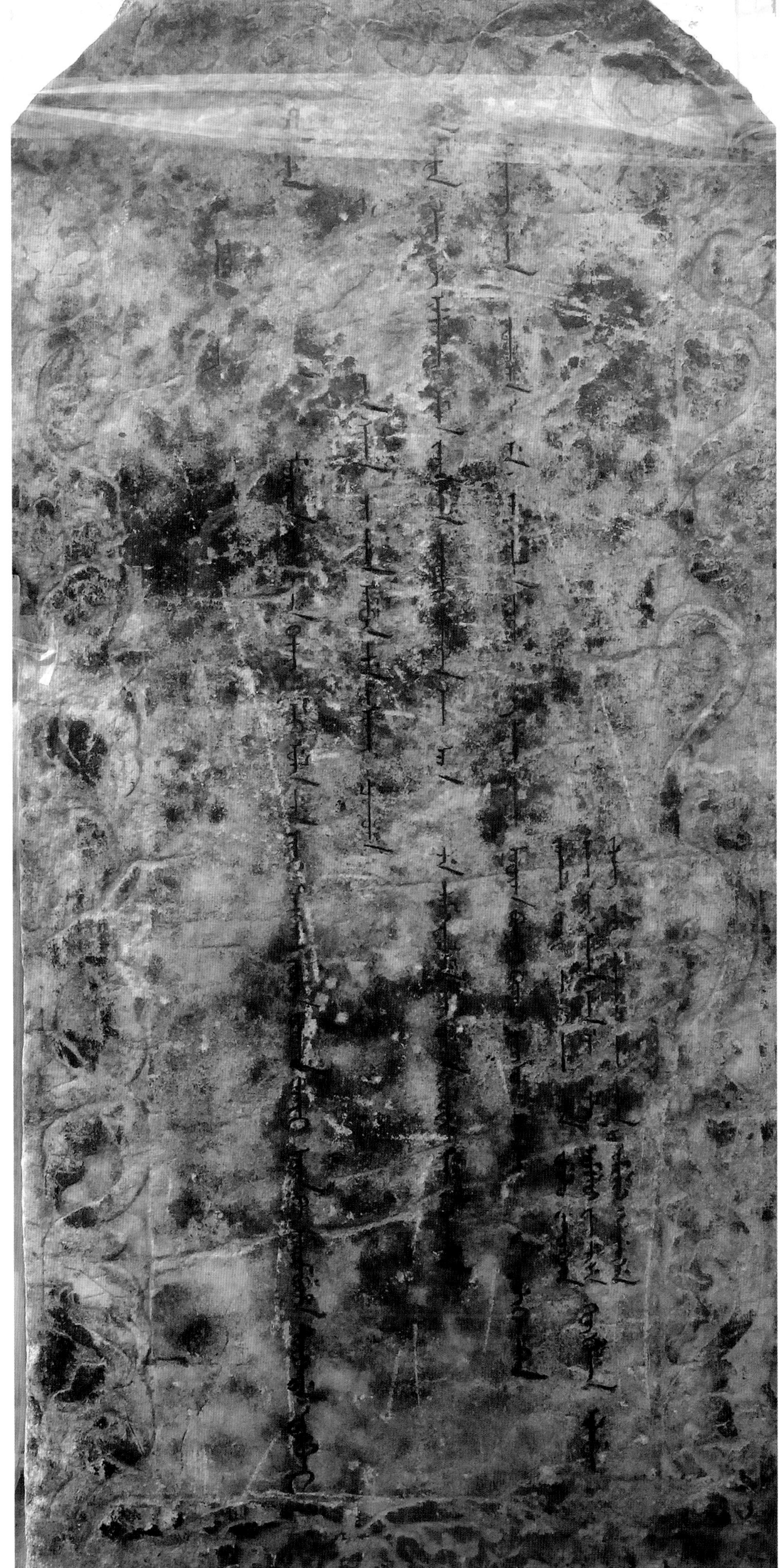

碑阴碑身　满文。

325. 镶白旗卧海佐领下陈满洲沙伦泰及妻季氏吴氏墓碑

沙伦泰　满洲镶白旗。驻防金州卧海佐领下陈满洲。嘉庆十四年（1809），子关辅玉、孙关法等为其立碑。

沙伦泰及妻季氏吴氏墓碑　碑阳汉文，碑阴满文，嘉庆十四年（1809）立。今存辽宁省大连市金州区原都统衙门院内。

碑身　汉文。

碑身碑阴　满文。

326. 昭陵镶黄旗闲散苏发之妻马氏贞节碑

苏发　原是昭陵镶黄旗四品官管下闲散八旗兵丁，娶马氏为妻。故去后，其妻马氏为夫守节，为此皇帝特下旨，赐马氏“贞节”称号。道光四年（1824），其家人为其立碑。

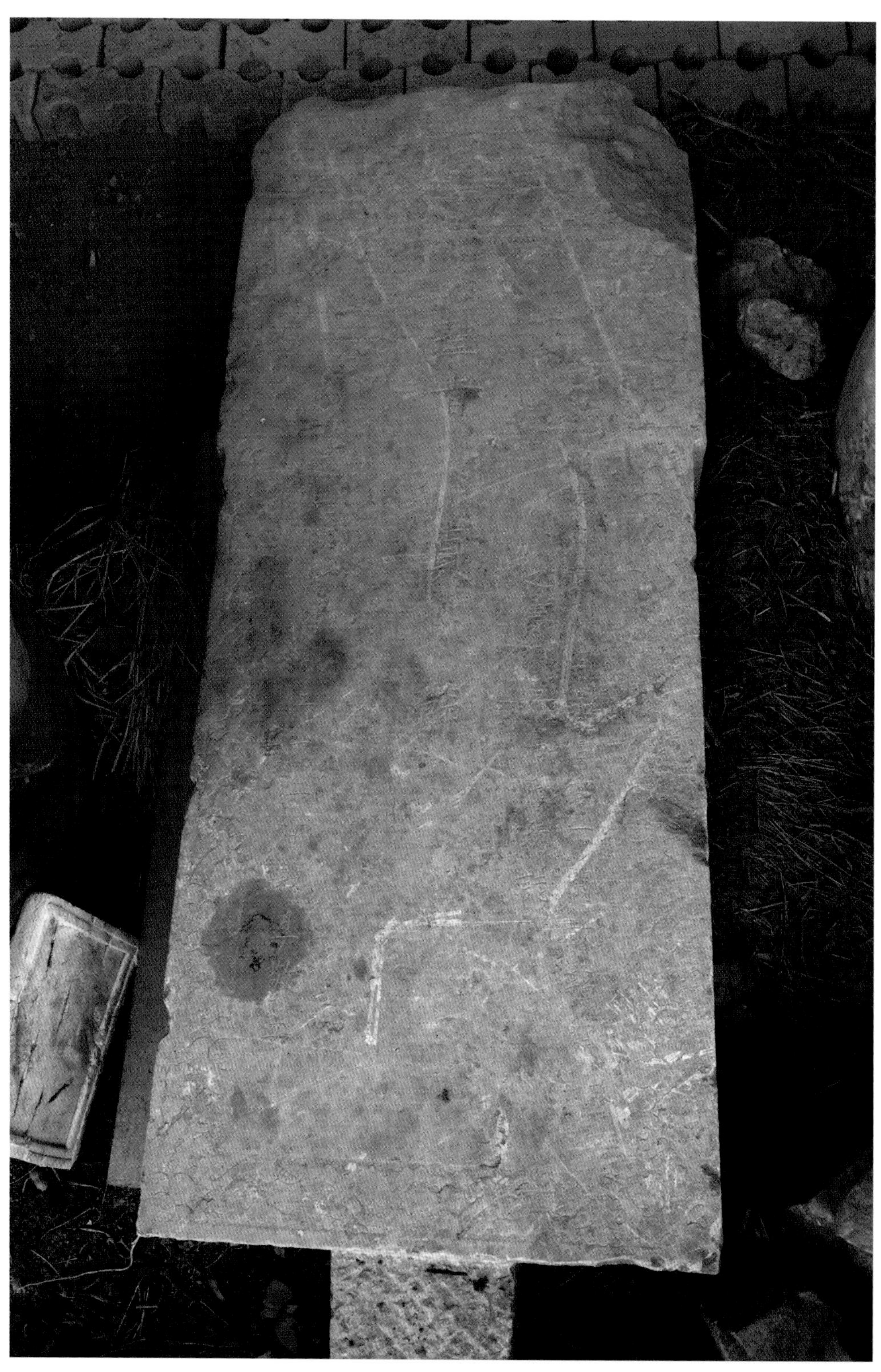

苏发之妻马氏贞节碑　汉文，道光四年（1824）立。碑额额题“圣旨”。原址不详，今存辽宁省沈阳“九·一八”历史博物馆。

327. 驻防伊犁正红旗二佐领前锋小旗刚阿太墓碑

刚阿太　伊犁驻防满洲正红旗二佐领下人，时任前锋小旗。乾隆三十一年（1766），其先辈由凉州（今甘肃省武威市）携眷迁移伊犁惠远城（今伊犁霍城辖区）驻防。道光五年，刚阿太赴喀什换防。道光六年（1826），经过挑选，再次奉命出征南疆喀什。在前任伊犁将军、时任代理参赞大臣庆（祥）的率领下，参加平定企图分裂国家的大和卓波罗尼都之孙张格尔的叛乱。在战场上面对猖獗的叛军，他奋勇拼杀，后自刎于疆场，为国捐躯。其子郭罗格特依奉旨将其父的事迹刻石立碑于墓前，以祈望父亲之忠勇流传于千古。

刚阿太墓碑　汉文，道光六年（1826）立。今存新疆维吾尔自治区伊犁哈萨克自治州霍城县惠远城钟鼓楼内。

碑身

碑额

额题 汉文“圣旨”。

钟鼓楼内碑石 刚阿太墓碑（右二）、扎勒刚阿墓碑（右一）

328. 吉林驻防满洲八旗前锋巴克通阿等北山关帝庙题名碑

巴克通阿　道光九年（1829），时任吉林驻防满洲八旗前锋；同年，与众多满洲八旗前锋、披甲、闲散在北山关帝庙碑上题名。

巴克通阿等北山关帝庙题名碑　汉文，道光九年（1829）立。碑额额题“积厚流芳”。今立于吉林省吉林市北山关帝庙正殿阶下右侧。

关帝庙正殿前碑 左一为巴克通阿等北山关帝庙题名碑。

碑身局部

329. 驻防拉林正红旗甲兵乌兰保之妻乌扎拉氏旌表贞节石牌坊

乌兰保　西特胡里氏，满洲正红旗甲兵。乌扎拉氏原籍长白山佛满洲，后随顺治帝入关。乾隆五年（1740），奉旨拨于拉林正兰旗三屯。乌扎拉氏曾出过五任佐领，多位曾任骁骑校，任前锋、领催、笔帖式等职。至道光年间，乌扎拉氏宗族已是显赫一时。乾隆年间正兰旗乌扎拉氏甲兵额勒德木保之女许配给乌兰保为妻。不久其夫乌兰保出征，战死疆场。乌兰保之妻乌扎拉氏从二十二岁时持信守节至五十四岁。道光帝得知后，亲笔手书“旌表贞节”四字，并颁旨乌扎拉氏立旌表贞节石牌坊，以表彰乌扎拉氏的忠贞守节。

乌兰保之妻乌扎拉氏石牌坊　汉文，道光十三年（1833）立。今存黑龙江省五常市兰旗村。

坊额 额题汉文 “圣旨 旌表贞节”。

坊额左侧

坊额右侧

坊阴　坊额题字为满文。

坊阴坊额（中）

坊阴坊额（左侧）

坊阴坊额（右侧）

330. 驻防伊犁惠远城正黄旗三佐领前锋小旗特何布墓碑

特何布　满洲正黄旗三佐领人。乾隆二十九年（1764），由热河携眷驻防伊犁惠远城（今霍城辖区）。道光八年（1828），时任前锋小旗，驻防新疆南路（南疆）喀什城。十年，参加平定张格尔之兄玉素甫和卓的叛乱，殉城捐躯。受到皇帝的赏恤表彰，其后人镌石铭记。

特何布墓碑　汉文，道光十四年（1834）立。今存新疆维吾尔自治区伊犁哈萨克自治州霍城县惠远城伊犁将军府内。

碑额　额题汉文“皇清”。

伊犁将军府

331. 驻防伊犁惠远城镶黄旗前锋那喇氏墓碑

那喇氏　满洲镶黄旗。先辈携眷驻防伊犁惠远城（今霍城县）。道光五年（1825），那喇氏时年二十九岁，以前锋身份跟随领队大臣前往南疆驻守，并参加平定张格尔的叛乱，战场捐躯，死后得到厚恤。十六年，其侄额尔根布为其刻石立碑，以垂后世。

那喇氏墓碑　满汉文合璧，道光十六年（1836）立。今存新疆维吾尔自治区伊犁哈萨克自治州霍城县惠远城钟鼓楼内。

碑身

332. 复州正红旗尚□佐领兵佛勒洪阿之妻曲氏旌表贞节碑

佛勒洪阿　复州满洲正红旗佐领下之兵丁，妻曲氏。道光三十年（1850），后人奉旨为曲氏立旌表贞节碑。

佛勒洪阿之妻曲氏旌表贞节碑　碑阳为汉文，碑阴为满文，道光三十年（1850）立。今存辽宁省瓦房店市文庙。

碑额

额题　汉文“圣旨”。

碑阴碑身局部　满文。

333. 本溪赫氏家族墓碑

赫氏家族　赫舍里氏，隶京都满洲正红旗富深佐领下。世居叶赫、辉发之地，后归附努尔哈赤。顺治元年（1644），先祖吞达礼随军入关，敕封护卫。后人何时迁居辽宁本溪，因年代久远已不可考。本溪三官阁村赫氏子孙将赫国有定为始祖。光绪六年（1880）立碑建墓。

赫氏家族墓碑　汉文，光绪六年（1880）立。碑额额题“百世流芳”。今立于辽宁省本溪满族自治县三官阁村。

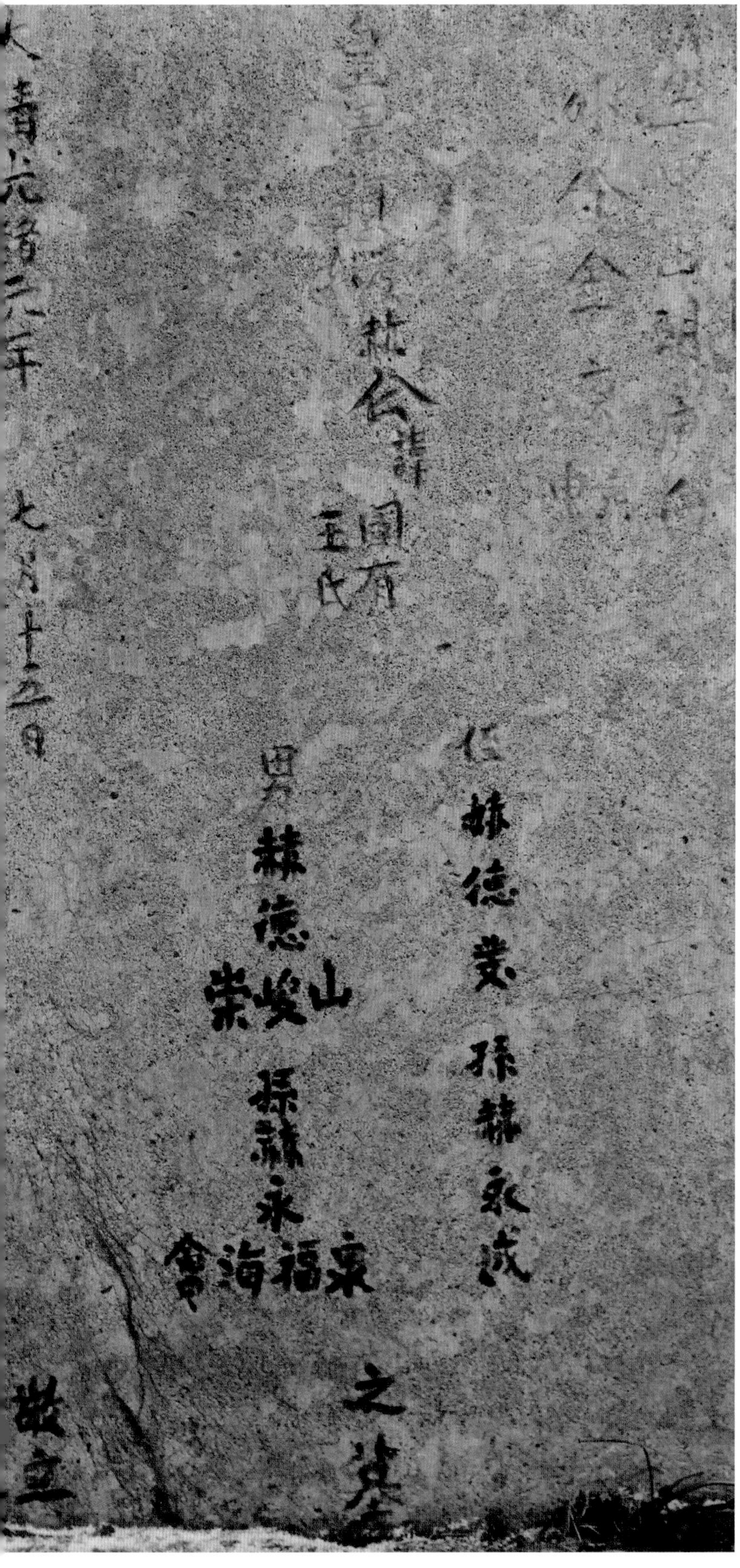

碑身

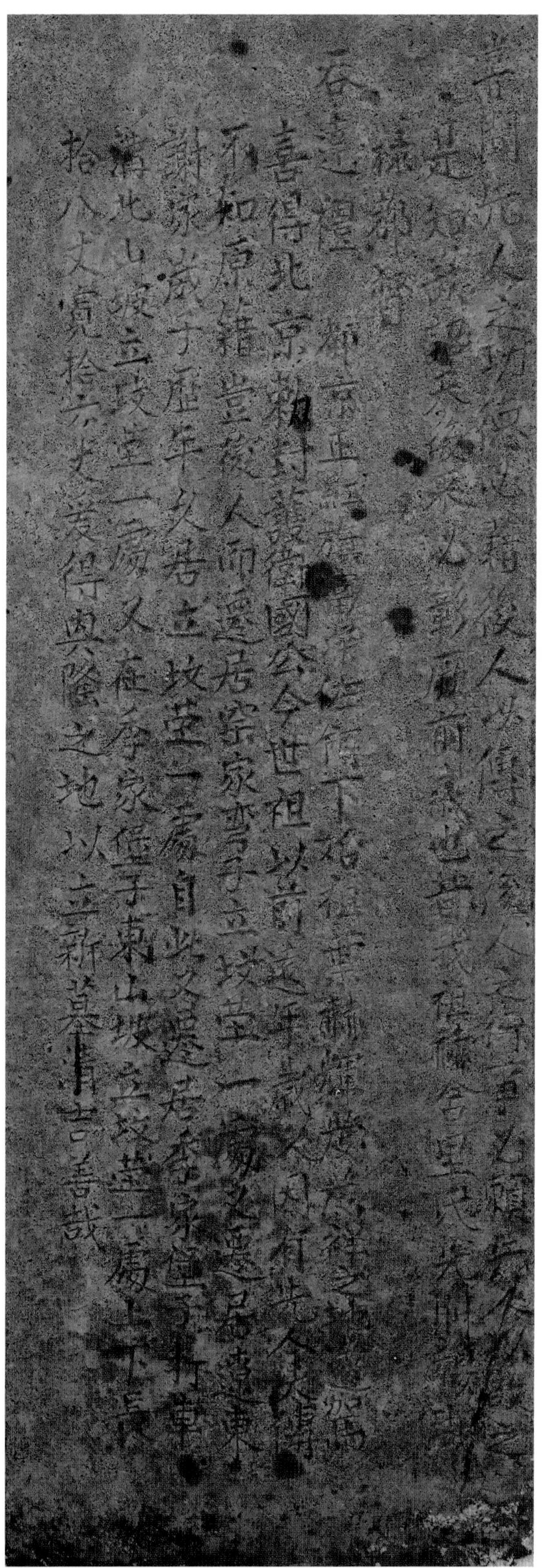

碑阴碑身

334. 盛京内务府正黄旗成伍之妻白氏旌表碑

成伍　内务府满洲正黄旗李文元之次子。白氏系镶黄旗骁骑校常海之次女，许配成伍为妻。道光二十年（1840），成伍时年十八岁，以疮疾病故。至光绪四年（1878），成伍之妻白氏为夫守节近四十年，年已六十岁。时任将军特奏请旌表，奉旨立碑。

成伍之妻白氏旌表碑　汉文，光绪四年（1878）立。碑额额题“奉旨旌表”。原址不详，今存辽宁省沈阳市塔湾碑林。

碑身

335. 南芬陈满洲瓜尔佳氏碑

南芬瓜尔佳氏　系奉天镶红旗陈满洲（老满洲或旧满洲）。本支始祖勒崇厄，约在乾隆年间迁居辽阳城东吾噜木火洛沟，在奉天镶红旗毓瑛佐领下当差。毓瑛还兼管多罗克勤郡王包衣门下壮丁事务。多罗克勤郡王即礼亲王代善的长子岳托，是清初八家铁帽子王之一。从清初到民国初克勤郡王宴森止，传十三代，十七王。在辽宁本溪、辽阳设有多处王庄。南芬瓜尔佳氏立此碑之时，由始祖算起已历经五代。

陈满洲瓜尔佳氏碑　汉文，光绪十二年（1886）立。今立于辽宁省本溪市南芬区郭家街道办事处解放村。

碑身

碑额

额题　汉文“万古流芳”。

碑阴碑额

碑阴额题　汉文“俎豆其昌”。

附录1. 赠都统固山额驸班第之曾祖父海色为光禄大夫曾祖母敖尼特氏为一品夫人诰封碑

海色　族籍、旗属不详。碑中记载，都统、固山额驸班第之曾祖父。父因子贵，以覃恩特赠为光禄大夫，赐予诰命；赠曾祖母敖尼特氏为一品夫人。

海色诰封碑　满汉文合璧，康熙年间立。今存北京石刻艺术博物馆。

碑身

碑座

碑额　满汉文“诰封”。

碑身局部

附录2. 领七品衔杭阿里氏玛仁宝墓碑

玛仁宝　杭阿里氏。族籍、旗属不详。道光五年（1825），领七品衔的玛仁宝随军驻守喀什噶尔（今新疆喀什地区）。六年，参加平定张格尔叛乱，战死疆场，尽忠报国。国家给予褒奖，列于昭忠祠，载入史册，恩赏恤银二百两。十年（1830），其子披甲墨尔格苏、德普新泰，孙扎拉苏为其镌石立碑，以示后人。

玛仁宝墓碑　满文，道光十年（1830）立。今存新疆维吾尔自治区伊犁哈萨克自治州察布查尔锡伯自治县锡伯民族风情园内。

碑额　额题满文，汉译“杭阿里氏”。

碑身局部

附录3. 郡守恭曾泰山摩崖石刻

恭曾　族籍、旗属不详。光绪二十九年（1903），时任泰安知府。任内为泰山题写“山辉川媚”。

恭曾泰山摩崖石刻　汉文，光绪二十九年（1903）书。今石刻位于山东省泰安市泰山崖壁。

碑文辑录

209. 内大臣工部侍郎三和墓碑

原任内大臣工部侍郎三和碑文

朕惟职隆邦事程工嘉式叙之宜宠荷朝章笃尽励维寅之节领班联于近陛华发承恩瞻风采于垂绅丹忱效绩既著圭璋之令望宜留琬琰之芳声尔原任内大臣工部侍郎三和端谨持躬悫诚宣力光依执戟早充宿卫于期门荣彰缨洊综勾稽于内省相是材能之懋允惟任使之良擢农部而分猷泉刀克裕佐冬官而董治水土咸平进参正席之班率属而仍司饬庀再践贰卿之列镌阶而倍凛冰渊履近星辰极品之崇衔特晋鞭垂禁籞稀龄之优礼加隆当历考以弥多宜介禧而愈茂工虞居六职之一将永藉夫勋勷康宁为五福之三乃遽婴夫疾疢闵劳职事颐安许就私家轸虑沉绵疗治敕颁珍药遗章竞告愍綍遄宣勉官职以纾逋发帑金以归赗节其壹惠谥以恪勤於戏世年膺将作之司守度克彰于温树奕世贲饰终之典崇褒式焕于堂封表厥幽阡昭兹来许

210. 皇清诰赠武翼大夫阿公墓碑

乾隆四十年岁次乙未小春榖旦

皇清诰赠武翼大夫阿公之墓

孝祀孙吉林协领兼公中佐领巴尔巴图鲁英莱敬立

211. 浙江巡抚伊龄阿兰松扇面碑

（兰花扇面碑）

维摩一室虚熏风护九畹澄思渺众□□□鼻观　伊龄阿拜题

（松树扇面碑）

小憩松寥馆　天风吹澥门苍龙霖雨□飞瀑出云根　丙申长夏伊龄阿拜题

212. 二等侍卫恩骑尉东鄂氏七十一重修墓苑碑

（碑阳漫漶难以识别）

（碑阴）

辽阳之西北去城四十里有地名广善屯地□高有东鄂氏之茔立丰碑里人名之□□□□茔中三塚即□（基）之六世祖兄弟三人葬□是焉□祖孟以阿□仲季皆以布□□□名之首二等侍卫七十

一即季祖之□往□予随驾来沈祭扫见茔苑倾圮祭田不清未□办理旹乾隆四十七年予乞假来修理茔墓清查祭田四基□沟洫植榆树□无邻侵之虞祖茔南坐□□□□□□步□□□□步□□□□□□祭田贰拾四日花□册领名家人绥哈那祭田贰拾日有□□领名家人五十九经理以能四时之祀今勒碑后□垂不□

乾隆四十七年八月吉旦　　□世孙二等侍卫世袭恩骑尉七十一刻立

213. 吉林将军三等果勇侯和隆武墓碑

原任吉林将军三等果勇侯和隆武碑文

朕惟师中效绩驰驱怀奋武之才阃外宣勤锁钥重提封之寄既懋勋庸于册府宜施宠锡于泉垆贲以明纶镌之贞琰尔原任吉林将军三等果勇侯和隆武练才有素矢志惟诚恤职承恩早升华于列卫将门有子觇莅事于分旂自金川中挞伐之威俾玉垒预折冲之任推峰百战崇勋则雪外频标脱颖三军伟略则日旁独著锡虎臣之显号带砺加褒图麟阁之英姿丹青亲赞专枢特畀藉近徼之拊循大纛重移作陪京之屏翰方谓少年继起毗倚堪资何图微疢俄膺沦殂遽告既饬筵而将祀仍考行以书碑象厥生平谥之壮毅於戏听鼓鼙而思将帅每嘉勇往之猷冒矢石以立功名式协戎昭之义钦予时命励而后人

乾隆四十七年十二月　　日

214. 管理义州城守尉安庆等维修义州城碑

（碑阳）

东壹面

南壹面

西门往南半面

西门往北至西北角里外皮下半截系乾隆四十六年修理

承办官义州城守尉安庆　义州知州克升额

（碑阴）

北台面

西门北上半截里外皮东西两门门洞之甬路道板石及东面水洞系乾隆四十七年修理

承办官义州城守尉安庆　署义州知州永锡

北门台以东海墁排垛宇墙长壹百陆拾丈

承办官管理义州城守尉安庆　原任义州克升额帮修

215. 乾隆帝赐浙闽总督富勒浑御笔诗碑

武林曾昔抚而巡开府兹教统浙闽祗以迎銮来隔省又看阅岁会今春漫勤供奉水及陆应勉调和军与民识大体毋苛小节思之莫忘诲谆谆

赐浙闽总督富勒浑　　御笔（印章）

216. 诰封通议大夫吉林驻防协领占泰墓碑

（碑阳）

诰封通议大夫吉林驻防协领占公讳泰之墓

（碑阴漫漶难以识别）

217. 诰赠武功大夫根德墓碑

（碑阳）

诰赠武功大夫根公讳德之墓

（碑阴）

孙阿明阿 阿农阿 护军正参领加三级安达伯勒中阿 护军营总吗荣巴图鲁奖赏花翎加三级纪录二次伯冲阿 三等侍卫加三级朱勒刚阿

暨曾孙我尔根泰 丰深泰 伊林泰 我勒金泰 武林泰 三音泰

皇清乾隆四十九年岁次甲辰仲夏下月穀旦立

218. 钦差总理西藏事务工部尚书镶白旗满军都统世袭云骑尉和琳撰并书永远遵行碑

唐古忒为五印度之一俗尚浮屠唐宋以来虽通中国未隶版图自我朝太宗文皇帝时归诚迄今百有余年熏陶王教渐臻于化矣乾隆壬子岁予奉命整饬藏务悉禀庙谟以次厘定自可永远奉守惟有关于风化民生之大者虽蛮貊之邦亦不可因循旧习稍为羁縻也夫痘疹之症乃先天余毒人所不免苟治养得宜断无不生之理乃唐古忒遇有出痘之人视恶疮毒痈为尤甚即逐至旷野岩洞虽亲如父子兄弟夫妇亦不暇顾竟至百无一生者深堪悯恻予于藏北浪荡沟之处捐资修平房若干间俾出痘番民得以栖止捐给口粮派拨汉番弁兵经理调养全活者十有其九僧俗当已知痘症非必不可治之患因严谕前后藏劝令达赖喇嘛班禅遇有痘症各捐给口粮作为定例又唐古忒风俗除大喇嘛小头目等物故方得火化造塔其余则念经忏悔后将尸身碎割抛喂鹰犬名为天葬地葬有罪抛弃河流谓之水葬无伦无理残忍为甚予谆切训导晓以义理缮发汉番告示严行禁止谕令达赖班禅二喇嘛将山场空地拔出若干作为义冢俾无力者得以掩埋并令随时报明粮务察验倘敢仍蹈故辙重治其罪迄今年余番民颇知化育一体遵奉诚恐行之日久渐踵故习后人不识予心任其自便则予之前功尽弃矣所有告示底稿俱存署内是用立石为记倘后之君子能推广此意悉化其俗王制是则予之所厚望焉

钦差总理西藏事务工部尚书镶白旗满军都统世袭云骑尉和琳撰并书

乾隆五十九年三月 日立

219. 诰封昭武都尉二等护卫明礼之祖洪声远墓碑

（碑阳）

诰封昭武都尉二等护卫明礼之祖洪公讳声速之墓

（碑阴）

大清乾隆五十九年八月廿六日 孙二等护卫明礼敬立

二世孙现任八品官图□　现任开原仓官德宁　生员德魁　伊清阿　托佛欢　诺木欢　三世孙萨□阿　策冷多□　四世孙奇臣

220. 刑部尚书阿克敦玉瓮诗碑

天不爱宝化工神仰从御笔窥嶙峋歙艴精莹自盘薄其制近古蹲龙莫比伦夔蹲龙跃协云物与时显晦为出没移置承光气象雄灿于金碧昭日月相传遗此自金元形模禹鼎驱神奸鱼龙奔腾江海立咫尺具见波涛翻虎蜼蜼身饕餮首云雷作文似蝌蚪雕锓瑰异非凡姿周彝虞敦亦何有黄冠道人初不知贮菜作齑等败瓿宝光未许终埋没奇物由来神护持于今秘殿流霮采凤翥鸾翔凝端霭御炉烟袅傍瑶墀相对清晖溢万倍忆昔曾经在广寒桂殿飘香尚未残如何沦落委泥滓拂拭从兹复旧观况蒙宸翰亲题咏函琳轴相辉映万机余暇光搜罗法物流传爰昭炳玉瓮之体何粹然浑沦元气贞且坚山川精蕴故磅礴总有雕琢仍天全古者制器必尚象含虚在中诚为上静者能寿恒若斯千秋万岁恣清赏

刑部尚书臣阿克敦

221. 兵部左侍郎鄂容安玉瓮诗碑

鄂容安玉瓮诗刻

协气荣光满河洛山车泽马出林薄神鼎能燃不假炊金船自荡还复泊承光殿高法物陈珉琳晶荧纷历落中有玉瓮昆仑精大如罌盎何煜爚并刀新截肪脂腻海图变现龙蛇跃想见埊山膏沸时丹木潜滋焕葩萼轩帝取之投钟山凝觅流辉山沃若啸命六丁劈空青驱役神工运斤凿摩天割云云英幻取砺扬沙沙力弱风涛倾洞姿珍怪巨鱼吐舟负藏壑映天欲黑射波红张鬐磨牙森挐攫其余琐细不可知诙奇欲问景纯郭圆龙时吼应方虎腹涨彭亨供洞酌贮以阴冰六月寒夏虫远避珍珠箔亦调甘醴浥天浆不数金盘露一勺土花斑驳有秦镜追蠡依稀得禹镈西接天门夜烛天斗间紫气剑锷琳宫阒寂香厨暗键户不开光透钥早菘晚止杂芹萍齑盐猥琐斑斓恶谁知兹瓮有神异元览独鉴精华皭乃云此器金元旧刓苔剔藓登秘阁帝摛云锦制天章九华璀璨字的烁侍臣披籍载考古玉瓮自出由冥漠主德清明尚瑞来不汲而满泉弗涸坤珍阐发宝不爱亦如人情贡愉乐况是琮璧荐神祇借阴嘉谷定民莫睿心□畅应在兹岂同奇玩鹭鹚杓能钦其宝莫名器瑀琈琬琰空交错大圭手执□气母天子万年风浑噩待看银瓮见碧山用以调羹投勺药

兵部左侍郎臣鄂容安

222. 乾隆帝赐两江总督萨载御笔诗碑

节度江南历多岁练于吏治悉河工唯应益慎勤诸事勿以己知懈一躬不患士文武莫弛欲求民裕俭当崇久而敬者晏平仲洁矩为师尔我同

赐两江总督萨载　御笔（印章）

223. 诰赠武翼大夫色可立宗族墓碑

人各有生或生焉而有所遭遇于时莫不由祖与父之有所积累而致故古人谓关祖宗之德曰善身之所享者是以□之必然无容昧也小子赉礼克德薄能鲜能仰蒙我祖我父以养以教至于成人既而列在有位三次出征皆蒙我祖我父在天之灵（庇护）有陨越嗣□父（又）得上邀皇主加恩赏赐孔雀

翎殊恩稠叠现今受秩三品更邀荣于吉林□□□佐领之任以蒙恩加一级记录三次阖家浴沐数载于兹乾隆三十六年十二月十五日恭遇覃恩我祖父讳色可立父讳常在俱得赠皆为武翼大夫锡之诰命祖母宁古塔氏母瓜尔佳氏赠为淑人子赉礼克并妻室扎库塔氏俱获如祖父母父母封爵伏思君恩我等皆为人臣为人子孙者（应）宜永念赉克礼何人斯竟得上荷主上隆恩实有我祖我父以及本身三代之锡命仰惟祖功宗德早夜难忘难□报在朝廷而纪□□恩乃益追思于水源木本睹松楸而俨然如见爰谨勒此数语于金石以垂示子孙世世之瞻仰奉祀于勿替云尔

224. 中宪大夫兼二等轻车都尉额冷厄等重修义州奉国寺记题名碑

直隶正定府藁城县知县加□级纪录二次名按图　壬子科举人奉天锦州府义州学正毛时敏　登仕郎知奉天锦州府义州录事事加三级纪录二次励宗一　笔帖式佛喜　防御加二级纪录一次皂神保　防御纪录一次穆秀　防御德米勒　承德郎纪录二次他尔钦　承德郎纪录一次合尔合　承德郎沙尔太　承德郎加一级哈可散　承德郎加一级敖尔贺买　承德郎加一级于经　承德郎王世英　承德郎加一级纪录一次斌太　承德郎加一级纪录一次奇蓝保　承德郎二各　承德郎加二级纪录一次哈青阿　承德郎纪录二次八十三　承德郎加一级沙尔布　承德郎宁珠保　承德郎加一级巴汉太　承德郎纪录一次沉德立　承德郎乌雅那

225. 钦命致祭官都察院左副都御史赓音布岱庙致祭碑

（碑阳）

维嘉庆五年岁次庚申己卯月戊子日皇帝遣都察院左副都御史赓音布致祭于东岳泰山之神曰惟神秩尊岳长号著天孙灵禀岁星躔应奎娄之次秀标日观严瞻青衮之邦阳鲁阴齐雨崇朝徧泽淮茅鄗秉封百代以增高朕寅举上仪肃将秩祀兹以嘉庆四年十一月二十六日恭奉高宗法天隆运至诚先觉体元立极敷文奋武孝慈神圣纯皇帝主配享圆丘礼成特遣专官虔申昭告惟冀风云吐纳司颢化于东维旸雨节宣锡丰年于下土聿陈悬辟式鉴精禋

（碑阴）

钦命致祭官都察院左副都御史赓音布　香帛收掌官笔帖式忠德　陪祭官泰安府知府李尧栋　泰安县知县舒辂　执事官府教授李席珍　县训导王应轸　府司狱王江　县典史宗琦

226. 经筵讲官太子太保礼部尚书镶蓝旗满洲都统德明墓碑

经筵讲官太子太保礼部尚书镶蓝旗满洲都统谥恪勤公德明碑文

朕惟礼乐自天子出实资习掌故之臣笾豆则司存允赖骏奔走之职缅旧劳之可念礼惬褒崇昭令闻于弗谖义存奖劝爰稽彝典式表嘉名尔原仕太子少保礼部尚书德明奉上惟勤执事有恪早由司库迁职奉常掌六祝而辞修七祀而靡忒遂从妙选跻秩清卿洊贰春官升华宗伯诏相小礼玉帛钟鼓之间赞导法仪进退周旋之习经筵侍讲胪句传声历三衙统制之司摄四译会同之馆偶迴翔于铨部实终始于容台惟先朝之任遇良专属在疚而猗毗尤物靖共尔位襄大礼以告虔夙夜惟寅赞明禋于登俏宫衔特晋嘉乃成劳遗疏俄闻深予轸恤综生乎之行谊锡美谥以恪勤考典易名镌辞崇实於戎国之大事在祀汝既宣惇典之勤人惟求旧有言朕岂靳训庸之礼贻诸奕叶视此丰碑

嘉庆六年岁次辛酉　　月

227. 泰安县知县舒辂泰山摩崖石刻（一）

癸亥孟春

登峰造极

长白山舒辂敬书

228. 泰安县知县舒辂泰山摩崖石刻（二）

嘉庆八年正月榖旦

只有天在上　更无山与齐

泰安县知县长白山舒赂敬书

229. 管理广宁等处防守尉军功奖赏蓝翎托永安等重修关帝庙碑

（碑阳）

关帝庙重修碑文

从来风俗之端由于人心之正人心之正由于神道之感有以助昭昭化于瞑……关圣帝君威灵赫濯屡有明验历代频加封赠及我朝封号极至祀礼尤隆是岂蕞尔乡邑私为崇奉哉然余尝诸城邑镇堡见……惠泽之照人者深曷至斯乎况广邑南关关帝庙通志载自古有年……近年来住持无存香火之虚殿宇墙垣并皆倾颓难有善信莫能为力之洎……必崇祀典爰蠲俸命工重新营建维时同寅诸公暨绅士诸公复捐银董率……资助共鸠厥工乃建大殿三间有禅室客厅为左右马殿左右有山门戏楼……牖则酌乎时宜观其藩城作辟拔地营堦长廊高阁□□刻桷丹楹诚可以安……竣乃属序于余余曰斯役之兴要不得以土木无名议之者吾于帝君……堪师亲而尊曰夫子忠义为范畏而奉以神明不独翼汉祚于往古……既怀德而生其感慕愚不省者亦畏威而勉为懿行故曰神道之感即人心之……也由是阴阳调而风雨时群生和而万民殖五谷熟草木茂百祥降而诸福臻……神圣之默铸潜陶有以补造化所不及云尔是为□……

管理广宁等处城守尉军功奖赏花翎记录一次托永安

特授奉天锦州府广宁县正堂加三级记录九次穆克登布

广宁县学增广生　马玉搱沐撰

锦州府学庠生□有彬敬书

经理人（略）

大清嘉庆十年岁次乙丑桂月上浣榖旦立

（碑阴略）

230. 授太子太保兵部尚书兼都察院右都御史总督四川等处地方提督军务兼理粮饷管巡抚事一等威勤伯勒保为荣禄大夫赠妻宗室氏继妻宗室氏为一品夫人诰命碑

奉天承运皇帝制曰枢府崇班锁钥重河山之寄中台出镇封疆资斧钺之勋允属重臣式甄劳绩尔

太子太保兵部尚书兼都察院右都御史总督四川等处地方提督军务兼理粮饷管巡抚事一等威勤伯勒保器资瑰伟风永严明覃威惠以宣猷允矣政行化洽统文武而作宪休哉吏肃民安聿资樽俎之谋懋著保厘之效逢斯庆泽爰赉徽章兹以覃恩授尔为荣禄大夫锡之诰命於戏百城凛范益思表率之方三命弥恭式荷恩光之渥訏谟克奏殊眷丕膺初任中书科笔帖式军机处行走二任山西归化城同知三任山西绛州直隶州知州四任兵部主事军机处行走五任兵部员外郎六任兵部郎中七任江西赣南道八任安徽庐凤道九任银库郎中职衔往库伦办事十任太仆寺卿十一任内阁学士赏戴花翎十二任兵部侍郎十三任正蓝旗满洲副都统十四任山西巡抚十五任陕甘总督十六任云贵总督赏戴双眼花翎三等威勤侯爵十七任湖广总督十八任四川总督一等威勤公爵授为经略大臣十九任蓝翎侍卫二十任今职

制曰持纲秉宪良臣作节钺之勋履顺思庄淑女著珩璜之范芳型无忝茂奖宜加尔太子太保兵部尚书兼都察院右都御史总督四川等处地方提督军务兼理粮饷管巡抚事一等威勤伯勒保之妻宗室氏名家作配内则是娴励妇节于缟綦每觉霜威辉映谟家闲于阃阈益彰钤阁清严兹以覃恩赠尔为一品夫人於戏贲锡宠章播休声于閫闼从诞敷嘉泽扬今问于巾袿式受荣施允昭壶懿

制曰臣能报国亦利有家人之贞妇克相夫必赞成君子之德既壶仪之济美自朝命之均霑尔太子太保兵部尚书兼都察院右都御史总督四川等处地方提督军务兼理粮饷管巡抚事一等威勤伯勒保之继妻宗室氏早习规型夙娴图史敦修内政四德信其能兼蹈履前徽百禄宜其是荷兹以覃恩赠尔为一品夫人於戏恩流闺闼式酬节钺之勋宠锡丝纶茂著蘋蘩之化祗承嘉奖允树芳规

嘉庆十四年正月初一日

231. 武英殿大学士领侍卫内大臣军机大臣兼管理藩院一等威勤伯勒保墓碑

朕惟赞襄钧轴允推柱石之才谙练韬钤端重干城之任奖成劳于宠绰特予崇封纪嘉绩以竖珉用彰伟略尔予告大学士勒保承华阀阅擢颖簪绅爰自列卿建牙汾晋暨乎作督秉钺甘凉南诏移麾戡种苗而武奋西川改镇殄邪匪以威伸历先后而身统戎行秉机宜而胸储胜算在先帝早赏加五等逮朕躬遂荣畀三公嗣虽军律之偶愆镌阶示罚旋以师干之久总复职叨恩堵剿功施奖三臣之戮力荡平绩葳合万众以革心懋典酬庸重膺伯爵清班流誉叠锡宫衔还朝而莞部秋冬持节而辖江南北台衡入赞枢密勤宣领环卫于禁廷备咨询于讲幄股肱之寄倚任方专顾视之艰衰迟遽请大官给膳岁支全俸以颐龄中使领纶昨届八旬而衍祉乃遘疢属采薪之疾即遣医冀勿药之瘳溘逝俄闻轸怀倍切礼隆奠斝命皇子以代亲临秩进信圭锡尔侯而延世赏更涤生前之类并宽身后之逋谥以文襄象其行谊于戏缅英姿之飒爽犹耀弓刀俾遗泽之流传长铭钟鼎树之贞石贻尔后昆

嘉庆二十四年十一月初二日

232. 吏部尚书两江总督满洲都统铁保书恭建吉林万寿宫记碑

恭建吉林万寿宫记

万寿宫者地方大吏拜牌之所也其制宫中设万寿龙牌一每逢万寿圣节及元旦冬至夏至令节守土大吏率所属文武官于丹墀左右行九叩头礼所以联上下之情展瞻依之义典至重也吉林为东三省之一近接陪京为王化首被之地而宫制缺如每遇拜牌之期则将军率属于将军公廨行礼于臣子敬谨之义未免稍略富崧岩先生移镇兹土于地方一切坛庙学宫无不实心整顿而尤以未设万寿宫为歉爰

倡议与同事都统松公心厂及其所属文武官集议于西门隙地创建万寿宫一所其制正殿三楹东西朝房各三间宫门丹壁俱照定制规模宏敞工程巩固足以垂久远而昭体制猗欤盛哉先生服官之初观政礼部历十余年于一切典礼既熟且精每莅一任必兴废补缺以求美备即此可以见先生守礼之诚秉礼之笃见之实行不徒托诸空言也保时缘事谪吉林躬睹其盛爰述其颠末以告后之守兹土者先生名俊字菘岩蒙古正黄旗人松公名宁字心厂蒙古正蓝旗人

时嘉庆二十一年丙子四月癸巳朔　前吏部尚书两江总督满洲都统梅庵铁保谨记并书（印章）

233. 吏部尚书两江总督满洲都统铁保临王献之《地黄汤帖》碑

新妇服地黄汤来似减眠食尚未佳忧悬不去心君（等）前所论事想必及谢生未还可尔进退不可解吾当书问之……梅翁

234. 诰授昭武都尉密云驻防正白旗满洲佐领前锋参领岱明阿书栗园庄重修崇福寺碑

栗园庄重修崇福寺碑

密邑东北五里而遥有村曰栗园崇福寺在焉年代不知所自几欲荡为废墟村人郎芳等心焉悯之各出囊金恐其不给又率寺僧元亮募化以足之约事有成遂协力一新□旧寺之为地广狭不满三百弓而气象庄严宛然在目黍谷之诸峰横列于前冶山诸峰环绕于后潮白两河在东西指顾之间如扆如屏如襟如带由中以望奇势不可胜穷虽未尝著名禅林而基地所存洵香国乐土也工起于岁之仲春历夏暨秋□当告竣正殿两重俱三楹中则伽蓝达摩为配容之榻僧之寮夹阶阯而南外则包以高户长垣内则邃以曲廊别院接构既已合宜有加丹青以藻绘之顿使丈六金身复还本来面目遂致大千法届倏增意外光辉问其费则固数逾万缗未艾也呜呼用心与力勤可谓至矣夫人之施于佛也有加无已而佛之施于任也渺不可期是役也浅见者或以为过然顶礼特以致虔原非祈报况比年以来阴阳不忒风雨以时人寿年丰举熙熙然游于光天化日之下又安知非佛之慈悲护佑□远近之室家妇子共入福林者乎是人之力能施佛皆佛之先施其力于人使不忘报也此郎芳诸人所为汲汲于寺不遑□逸者与明经任毓麟熟游其地一日邀余与梁君往观诸人咸在告将贞珉请述其事询所由乃以无据苦之余曰观此举是殆以因为创者也创基未知何日不妨以今日为创基之日也创造未知何人不妨以诸人为创造之人也法尚圆通事无不可如东壁普济庵专为菩萨宝刹门墙栋宇分余力以新之与寺貌俱昭巍焕兼使元亮总其事并为一故亦不特书以祥其始末云

敕授修职佐郎乾隆乙卯科举人密云县卫儒学训导滦阳李文彪撰

诰授昭武都尉密云驻防正白旗满洲佐领前锋参领长白岱明阿书

嘉庆二十一年八月穀旦立

235. 诰授昭武都尉密云驻防正白旗满洲佐领兼前锋参领岱明阿书重修栗园庄崇福寺碑

重修栗园庄崇福寺碑

盖闻鹫岭祇林庄严初地缘功德无量故簿海内外所以崇德报功若创若因不啻恒河沙数历汉唐百祀有其举之莫敢废也檀州密迩王都民风遵化革薄从忠人心乐善是以翠竹真如黄花般若之林徧

郊坼而皆是如崇福寺尤密邑之大林也考其创始碑碣无存缘历年久风日薄蚀即庙貌日亦就倾圮余来斯土即思瞻礼闻且鸠工庀尚未落成盖栗园庄信士郎芳等因岁屡丰民安物阜栴檀之芘阴绚宝网之云霞颓然者今焕然矣维金绳日月宝筏津梁其之所以救渡众生者诚哉抽沉掇伦而下民一念之诚无弗感而遂通其应如□则诸信士等其为一方祈福之□格亦于是乎在告成请记于余弗获辞既为敬书前后两殿楹额复序其颠末及助成善果各姓氏如左至殿庑之广经费之宏则滦阳李君序之祥矣兹不赘其经始则于本岁仲春告竣于本年仲秋云

敕授修职郎乾隆乙卯科副榜贡生密云县卫儒学教谕加一级恒阳梁瑞霖撰

诰授昭武都尉密云驻防正白旗满洲佐领兼前锋参领加一级长白岱明阿书

嘉庆二十一年八月穀旦立

236. 泰安知府廷镨泰安岳庙庙产记碑

孟子有言曰有恒产者有恒心无恒产者无恒心诚以非此不足以资生而放僻邪侈之无不为有必然者矧在庙宇人非骨肉之亲业无创制之苦将视产之有无为无足轻重无论香火养赡之资无所取给而恒心之有无亦将未可知也泰安岳庙旧有朴家庄地一顷有奇皆系皇赏香税之所置嘉庆十八年岁荒歉道纪及其道□□□□□遂□□宁阳齐生旋复卖于泰安庐生因此构讼由县府历控至司甲戌夏余来守是郡批阅卷宗□□□之□□恒产而住持斯庙者因无恒心且争端之未有已也爰集两造纠道众俾地仍归庙价各归主□计所典卖共三千余贯道纪无力骤措余方斟酌踌躇拟令陆续交付而又恐齐庐二生之或不愿也孰意□□听命妙音应声余遂奖成其善以结斯案夫使二生断而不遵余虽有以处之然何如此之欢欣鼓舞也孔子曰富而好礼春秋传曰人之欲善谁不如我其在斯乎其在斯乎自今以往道人不得便其私图士人亦不得擅首其业恒产恒心之理于斯庙见之且愿与□□□郡共见之而即齐庐二生亦观感于人心风俗之道亦未必无□□□庐生金魁泰安武生齐生建亭宁阳□（监）生道纪则禹贞文也至司批以及勘语俱祥载卷

泰安府事长白廷镨记　　儒学宋□辉属门人李学周书丹

嘉庆二十一年岁次丙子清和月中浣之吉立石

237. 分巡河南开归陈许河务兵备道前安徽颍州徽州府知府左右春坊中允实录馆总纂兼提调官长白麟庆作修补泰山钦工石路并后石坞山径祠墓记碑

宇宙一生生之府东方肇长养之元粤惟岱宗四维是式则此山所系亦綦重矣七十二君封禅以来我朝列圣翠华频幸甚钜典也令甲历有年所钦修岱工以迓灵祉仁宗睿皇帝御宇之二十三年先大夫守泰安郡恭逢斯盛黾勉襄事道光乙酉庆蒙恩持节大梁修防之暇每缅趋庭诗礼之孔怀奕叶湛恩之至重引领东顾大惧山中蹊径年来或有倾仄无以承先大夫之志爰致书济南魏君致和諏吉专人岱麓将南天门石路谨加修补重钦工也初先大夫谓庆曰予宦辙半东南山水每惜时人见近而不见远无幽深元远之精思即乏索隐探赜之力行妙境遂为天地秘姑苏以虎邱著而不知妙在元墓梅花武陵以六桥名而不知妙在云楼钟磬兹山之妙在后石坞惜乎荆棘横封樵歌下上即碧霞元君祠墓世所崇奉亦鞠为冷烟荒草无他以其崎岖难行耳庆谨志之兹复属魏公于后石坞相度创开石径并将元君祠墓重加封葺以奉香火缵遗训也若夫山中云物（雾）之清旷花鸟之雍愉游者自能领略无待鄙陈特表其

兴作缘起而俟世之同志共仔荡平之诣焉

道光七年岁次丁亥闰五月吉日

赐进士出身分巡河南开归陈许河务兵备道前安徽颍州徽州府知府左右春坊中允实录馆总纂兼提调官长白麟庆谨记。

238. 署理盛京将军兼管府尹事督办奉天军务崇实撰完颜氏鲁克素家世志碑

（碑阳）

我完颜氏先居宁古塔于大清天聪年间举族来归始祖讳鲁克素公当太宗时充内府总管生二子长讳胡齐哈公为本旗佐领殁后皆葬抚顺城北蝠窝山之麓次讳达齐哈公以火器营总从龙入关子孙遂留京师乾隆初四世孙讳留保公来任盛京工部侍郎诣茔祭扫增置墓田越百有余年九世孙崇实以刑部尚书奉使来沈留署将军因奉天为根本重地吏治废弛盗贼充斥奏请以将军兼管府尹作为奉天总督统辖文武总理旗民是年夏秋间剿平东沟通沟等处边外一律肃清朝命规画善后事宜任重事繁弗获躬谒先陇岁暮特遣家丁造茔叩奠垂树碑碣以彰祖德并垂示后人

光绪元年十二月　吉

赐进士出身前翰林詹事内阁学士户部侍郎驻藏大臣署四川总督成都将军现任经筵讲官刑部尚书镶白旗蒙古都统甲戌科文会试大总裁钦差大臣署理盛京将军兼管府尹事督办奉天军务九世孙崇实谨志

太子少保赏戴双眼花翎头品顶戴前任三口通商大臣署理直隶总督海防大臣现任兵部左侍郎正白旗满洲副都统总理各国事务大臣九世孙崇厚敬书

赐进士出身翰林院侍读奏办院事实录馆提调功臣馆纂修十世孙嵩申校字

（碑阴）

具领人昭陵镶黄旗四品官锡牛录管下千丁□□□为出领结事窃有身祖耕种前任工部侍郎留大人管□□□□□□□□□□□□□□□□□□地现经由界查明系留大人当日捐置完颜氏祭产又完颜氏茔余地二天亦系张□□□种以上□□□□□□□□将军恩施仍归身家耕种除交纳国课外并不起租所有完颜氏老坟茔地身情愿代为永远照管不至遗失所具领结是实

光绪元年十二月　日

具领结人□□禄押

239. 诰授资政大夫护理山东巡抚布政使司布政使纳尔经额撰重修岱顶碧霞祠记碑

重修岱顶碧霞祠记

大观峰迤南蔚然深秀者为堆秀岩近倚穹盖平瞰羲策传称岱宗积高神明之隩真灵位业实式凭之岩之阳有碧霞祠历代崇祀典媲登封水经注所载岳顶上庙相传即其遗址闳宇闶垲辉映璇题片瓦尺椽胥资左藏其来尚也我朝禋玉升香聿新轮奂列圣宝章倬汉三灵供翊云栋高揭群品瞻依逮我圣皇阐珍建极翼綍化枢资震维圣德之气廷洪锡羡每岁特命专官荐馨胪供氤氲肸蚃神光肃然阊门发祉嘘和霈甘五甦时若百昌顺成厥功咸归中岱蕃厘昭应祀事必虔凡有血气无遐迩多奔走偕来玨霄路缘□道手胼足茧擎芗其罗跪祠内外者以恒河沙计祠为神所凭依以时修葺则有司存厥制壮丽金

澄碧灿于以神祈报甄灵贶礼亦宜之顾翠微直上云天若咫白云蓬蓬绕梁排闼昏旦郁蒸芝楠松棁沾湿易腐至于墉甍高居罡飚鼓橐瓴甓若械飘摇不时其地势则然今岁孟夏既望□奉玉香修吉礼周视祠宇殿角残阙西庑就圮然未合遽请帑金专章入告也命有司即时营缮仅计庸庀材群力交赞击鼛董勤不愆于素□若髭若孔固孔安于以钦崇秩祀为吾民邀景贶而膺介祉也若夫大中祥符之封号昭真灵应之祠名自具岱史不赘书其蠲金姓氏例载碑阴庶踵事者资考镜焉

诰授资政大夫护理山东巡抚布政使司布政使纳尔经额敬撰　济南泰武临道何天衢篆额　泰安府知府扬惠书丹　泰安县知县徐宗干监刻

大清道光五年岁次乙酉九月中浣毂旦

240. 太子太保直隶总督纳尔经额撰莲花池增修射堂记碑

莲花池增修射堂记

莲花池为□元张元帅别业雍正癸丑岁就其旧址建书院于池之西偏俯镜水之沦涟佐文□之流利意至美也池水发源于□亩鸡距诸泉历三十余里纡徐演迤由西郭外启闸注池经府学泮池循南郭□□城河中下注津淀所谓涤瑕秽而镜至清被润泽而大丰美者胥于是乎在非以为游目骋怀之地也池上台榭廨宇之属皆前制府方恪敏增葺而成迄今九十余年矣恭逢高宗仁宗两朝载举西巡盛典翠华临莅宸藻留题丰碑三□□□□□□□□□□以向风万流得以□□□□□□胜地也余奉命总制是邦瞚历□□每届课士之期经行池滨窃慨缔构以来多历年所亭廨栋宇渐即倾欹商之升任方伯陆立夫捐款鸠工稍加葺治将御碑亭各处敬谨修整派员守护并拟于池南宽敞处重辟一区为校阅五营兵技之所今春扈跸西陵敷奏及之得旨俞允乃于仲夏初吉饬工匠辨方正位缮筑射堂其下则径涂坦平侯鹄竦峙计此地去节署仅数十武较之教场为近而视内署箭道地形稍宽每春秋阅伍进麾下材官技勇之士以次较艺行见比耦而立鱼贯而登诔敦弓之既坚觇舍矢而如破穿杨□中之技月异而岁且不同庶几□勇者咸克知方观德者胥宠贯革□□工既峻因识颠末于碣以□来者

时道光丙午孟秋朔日

太子太保直隶总督长白纳尔经额撰

241. 钦命兵部尚书兼都察院右都御史总督陕甘等处地方军务兼管甘肃巡抚事兼理茶马那彦成撰并书雷坛记碑

雷坛碑记

兰州城西二里许□□□□庙为明肃藩所建在金天观中雍正甲寅中丞许□□祷雨护祐请于朝加封显仁应瑞之号赐□之额郡乘载其事甚祥嘉庆庚午余履任之始值岁旱诣庙祷焉迨辛未冬未雪及春又无雨市民惴惴余乃于二月之十八日祀而祷之越日雷响应……大熟乃特驰以……之额□□嘉应丕昭追溯许公时事若合符节厥灵赫矣夫万物须雷而解所□□阴宣阳嘘吸雨灵其功用至溥顾独不灵于兰郡何哉盖雍州本神明之奥陇右为积石□厚易燥当亢阳之极非藉雷霆鼓荡发扬隐伏有以舒其磅礴郁积之气而协夫阴阳和会之宜山泽之□□□雨泽奚自而沛故民生其间往往以艰泽为忧已□福于神冀有以庇之实地势使然之而神之妥侑于是邦者果亦为之□相遇祷辄应荡涤烦郁感召休□□□□雨旸而兆丰乐惟视守土大吏心民心事民诚致虔为民请命鲜有不旋至而立应者由是

以观神之大有造于兹也良非偶然而我朝圣奉敬公民若不及故得上荷□□灵锡祉盖……书其……蒙兮烁石……漠通兮俄顷……协苍……告示

钦命兵部尚书兼都察院右都御史总督陕甘等处地方军务兼管甘肃巡抚事兼理茶马加三级那彦成撰并书

嘉庆十七年岁在壬申八月□□

242. 兵部尚书兼都察院右都御史总督陕甘等处地方军务兼理粮饷管甘肃巡抚事兼理茶马那彦成撰并书重修兰州城记碑

重修兰州城碑记

兵部尚书兼都察院右都御史总督陕甘等处地方军务兼理粮饷管甘肃巡抚事兼理茶马那彦成撰并书

国家建中立极法度修明所在郡邑城郭例得以时葺治省会之区金汤尤重所以慎封守隆体统也兰州为陕甘督臣驻节之所面山为城倚河为津形势最要且自我高宗纯皇帝耆定西域拓地二万余里版图日廓琛赆来同自回部准部而外若哈萨克布鲁特霍罕安集延青海之生番蒙古人等凡年班入覲者罔弗取道于兰往来络绎岁以为常至则督臣宣布恩德谕遣北上归亦饬属资送出关其所系于观瞻者尤不同都会名区层阛周郭允宜完缮以崇体制考郡城建自隋开皇初宋苗授复为修筑有明因之宣德正统间递增外郭我朝改置省会规制大备康熙二十四年重修乾隆三年踵而新之迄今七十余年虽时补苴未臻完固余前任督臣时曾议修之因调任遂弗果庚午春仰膺简命重莅兹土有司复以请会固原州城亦议重修核其事诚不可缓而是年旱民艰于食虽赈贷兼施恐来岁青黄不接民食犹不给乃建议乘时修补城垣以工代赈奏入得旨俞允命既下民知其活已也相率欢跃争就役爰遴员董其事以十六年夏兴工畚锸如云众力毕殚次年秋告竣用帑八万九千有奇是役也工举而民悦城成而岁熟于是垣墉高坚雉堞鳞次楼橹翼然临于其上俯瞰洪流远连紫塞不独郡人士喜新斯城谓言言仡仡与古金城名实相副即凡重译远来襁属戾止者获睹城之高池之深军旅之壮盛闾阎之富庶莫不怀诚归命欣欣然向慕而肃静是郡城之雄峙维新固西域往来者之一钜观矣虽然余于兹更有幸焉忆备城之举前数岁已议及顾迟迟至今始得蒇其端乃自救荒发之即吾民以受傭得直免饥饿其荣又由修城及之二事不相谋适以相成若不期然而然非仰沐圣主视民伤之至仁何克蒇此余故曰是役也工举而民悦城成而岁熟纪其实所以重为斯民幸也是为纪

嘉庆十七年岁在壬申八月朔日

243. 兵部尚书兼都察院右都御史总督陕甘等处地方军务兼理粮饷管甘肃巡抚事兼理茶马那彦成撰并书重修泉神庙记碑

重修泉神庙碑记

兵部尚书兼都察院右都御史总督陕甘等处地方军务兼理粮饷管甘肃巡抚事兼理茶马那彦成撰并书

距皋兰城西南四十里许之何家山泉神庙在焉庙不甚闳阔而神最灵乾隆丁未岁旱祷雨有应制府福公闻其事于朝敕封神侯爵号曰广润庙貌鼎新答灵贶也嘉庆庚午岁复旱祷之甘霖果普降感神

之惠念祠宇岁久渐圮谋所以更新之工将竣有司请为文以记余考古者圣王之制祭祀凡有功于民御大灾捍大患则祀之山林川谷邱陵泉泽能出云为风雨皆曰神岁十二月九州之民莫不各献其力以报有功载在祀典谨丹垩而隆肸蚃诚重之也末世不明祭祀之义祈报之礼佛老二氏丛林穹观建造日多殚极壮丽而邱陵泉泽百神之祀反略焉不讲岂其功不足以及民而神弗灵欤抑人之惑于佛老者多而本末倒置欤即以泉源而论其在皋兰近境者莫着于五泉曰甘露曰掬月曰摩子曰蒙曰惠㵝沸涌出若沃若氿奔注于溪谷漫衍于浍渎用以润田园资灌溉黍稷果蔬之利皆于是乎取给其利溥矣若兹何家山之泉一线清流以神之灵当亢暘之际民心皇皇独能感应显赫遇祷辄应澍雨流甘追考籍征若合符节是大有造于斯土者怙冒优渥非仅旦夕之利而已也然则是庙之建既合有功则祀之义而今之汲汲于修葺又以昭嘉贶而绵保佑其视喜益之建造为何如哉庙以壬申六月兴工七月工竣庙侧有圣母祠其来已久因并葺而新之是为记

嘉庆十七年岁在壬申八月朔日　富平仇文发刻石

244. 道光帝赐钦差大臣直隶总督那彦成御笔诗碑

剿办滑城曾著勋绩功成定后用长是择嘉汝忠直殚心筹画剿之抚之同一扬历

赐钦差大臣直隶总督那彦成像赞　　道光庚寅季春御笔（印章）

245. 辽阳镶黄旗防御束明阿等捐资重修三官庙题名碑

（碑阳）

重修碑记　　如有损污一字者折寿十年

奉天府辽阳城东厢红旗界仙景沟旧有三官庙固合都之保□也为创有年孟君玺□创功重修勒铭都尉昭武大夫崔守兴之修葺迄今摧残剥落寔难以佑□神明于道光乙酉岁众怀弘□柰银粟维艰恕衔石如精卫住持道士王本籙开山场积蓄香资之余预欲重修谋垂成而无砥柱玺之重孙孟学孔者曰佥是结孤捐布地之金也募及众善人车相助咸歆乐从其功未动王道士羽化徒众华合让等继□之志殚所□之资一万伍千数共襄胜事鸠工庀材□正殿塑像为廊庑钟鼓二楼门墙庭堦规模庄严告竣于丙戌荷月猗□胜哉□圣德之及于人人之感于圣化益显其□神明之赫灵云是为志

盖平县廪膳生戚春溪书

特授辽阳厢黄旗防御加五级记录二十五次束明阿施银三两

正黄旗防御加五级记录四十次保昌施银三两

正白旗防御加八级记录六十次□勒春施银三两

厢白旗防御加八级记录六十次阿力绷阿施银三两

厢红旗防御加十级记录八十次庆升施银十两

正蓝旗防御加八级记录六十次布步科施银三两

厢蓝旗防御加八级记录六十次鄂勒和顺施银三两（以下名单略）

大清道光岁次丙戌桂月吉日毂旦

（碑阴）

又序

天地之大也理道以合之方圆之巧也规矩以成之自天子以至于庶人有孰不法而能成者乎历考碑记昔日之蟠龙山虽有茅屋颓败凋残不堪言矣有先师李复春薜草莱斩荊榛理庙堂塑圣像不意历备火焚后有先师之徒王本箓衣食勤俭蓄积资财举请孟氏学孔为总理曰虽有徒众曾孙王永平等各有所执望某为三官庙转山沟蟠龙山之经营于是孟某一一修理并无异言共费钱一万六仟二百五十八千七百文

特授辽阳正白旗巴尔虎佐领加八级记录五十次胡松额施银三两

骁骑校记名佐领加五级记录五十次吉勒塔浑施银三两

厢黄旗骁骑校加五级记录十四次依清阿施银三两

正黄旗骁骑校加八级记录五十次富生安施银三两

正白旗骁骑校加五级记录五十次穆通阿施银三两

厢白旗骁骑校加五级记录四十次金保施银三两

正红旗骁骑校加五级记录五十次佛勒清额施银三两

厢红旗骁骑校加八级记录六十次额理希保施银五两

厢蓝旗骁骑校加五级记录五十次岳昌阿施银三两

内务府厢黄旗领催会首塑痘娘一尊　孟学孔施匾一面

辽阳厢红旗满洲哈兴额佐领下原兵吉陵阿因求佛保佑母永寿长年将祖古楞厄名下册地二段施到三官庙佛前作香火之赀俱有四至沟里一段东至沟西至沟南至山顶北至山城庙南沟又一段东至山城西至沟南至山顶北至沟傍为证

（以下名单略）

246. 吉林满洲镶黄旗协领寿昌等敬立北山关帝庙碑

（碑阳）

道光六年喀什噶尔回张格尔滋事皇上命师声讨副都统倭楞泰率吉林劲旅用命军前我师战无不克陷无不摧旋即恢复回城逆格就擒槛送京师回疆勘定八年凯旋功甚速也当我师破城之时屡蒙关圣大帝显赫神威壮扬军势回众倒戈相轧我师所向无前论功升赏一视同仁是皆仰赖神功之庇佑耳副都统倭楞泰率诸将士沥诚答庥并刊出师官弁衔名以志不忘云尔吉林满洲镶黄旗协级寿昌鸟枪营镶黄旗佐领依隆阿满洲镶红旗协领都凌阿

道光九年己丑仲夏月敬立

（官弁衔名略）

（碑阴略）

247. 驻防伊犁惠远城满营镶黄旗护军校扎勒刚阿墓碑

道光辛卯年伊犁惠远城满营……镶黄旗□□□佐领下护军校□□□扎勒刚阿五十岁……出征阵亡……将军……用彰国典颁降上谕拨给银两勒石立碑追封祖辈……祖父骁骑校多伦布祖母吴佳氏父领催法福里母吴佳氏妻吴佳氏推恩准其子□□□承袭云骑尉勒石立碑

248. 钦命分巡河南河陕汝兼管驿传水利道富斌岳王庙题诗碑

要践雕青臂上词中原血战拥王师金牌络绎来何速铁像狰狞铸最宜半壁河山争致概一廷君相各怀私无端三字成冤狱扣马书生已预知

大清道光十三年三月　日立

钦命分巡河南河陕汝兼管驿传水利道富斌敬题

249. 山东济东泰武临道宝清泰山摩崖石刻

道光辛丑仲夏

拔地通天

长白宝清题

250. 晋赠太保衔致仕原任大学士文孚墓碑

朕惟勋隆戴斗耆臣宣钧轴之猷望杳骑箕硕辅永旂常之誉念成劳之未泯绩著岩廊宜宠恤之攸加光施泉壤载颁紫綍用勒青珉尔晋赠太保衔致仕原任大学士文孚公忠佐治清慎持躬始备位于薇垣早知制诰旋储材于枢禁已掌丝纶列职鸿臣晋阶匦使迁秩宗以掌礼为工正与敕村持严法于西曹风清鸠署跻崇班于南省霜肃乌台佐都统而分简旗营练熊罴之锐气官总兵而频专阃钺翥雕鹗之雄姿朕御极临轩任贤由旧乃授尚书而听履晋锡宫衔洊登宰执以持衡入参机务笎庶僚于内府领环卫于中垣历六曹以敷布鸿猷理三库以剔除蠹弊总编摩于史馆丕焕文章侍讲论于经筵时承顾问辉生翠羽簪缨曾荷夫光荣采贲紫缰车骑益增其焜耀属以三朝之硕彦已逾七秩之高年鉴其引退之情允其归休之请俾优游而自适解组身闲每存问以随时加餐心祝廪禄优需于家食菠薓枝屡锡于上方正期克享遐龄何意骤闻遗疏大星遽陨朝露堪悲旧德先彰新恩载沛家无私蓄厚颁庀事之金礼有殊施特给陀罗之被遣宗藩而命奠移銮辂以亲临酬庸赠太保之衔聿昭峻望宥过免铨曹之议悉复镌阶祀入贤良庙食既隆夫桂奠赏延后嗣国恩更及于兰孙典楙易名言徵纪实谥曰文敬象厥生平呜呼服官五十余年报皎皎素丝之亮节弼予十有六载怀番番黄发之嘉猷爰濡麟管之毫倍焕螭碑之色俾贻奕祀罔替钦承

道光二十一年三月十一日

251. 诰授武翼都尉协领达善等立青州旗城显忠碑

（碑阳）

显忠碑文

今夫报国多端惟临戎之绩著褒功有典独死事之恩隆是以奋不顾身吊国殇者无惭魂魄勇能赴义录功后者爰及子孙盖惟矢捐躯赴难之诚自宜膺哀死荣生之数也青州驻防者世宗宪皇帝时允河东总督田公之请分满洲之劲旅镇表海之旧疆百余年来都号横冲敌避嗣源之骑兵称难撼人夸武穆之军除逆孽于临清靖教匪于曹郡固已肤功再奏师出十全懋赏频膺声施四海矣迨道光二十一年逆夷犯顺率众跳梁国家以江苏为南北之藩篱江山之扼要因命前都统德公挑选驻防精兵五百余人赴江宁防御嗣拨官弁十三员兵四百名移守镇江扬帆纵火势张魑魅之氛擐甲砺兵誓靖鲸鲵之浪夺艅艎于长鬣业已沉彼五舟讯馘首之頄雎且将歼其群丑相持七八昼夜频突千万烽烟乃以貔虎无援我

军等于孤注虺蛇聚毒彼夷肆其转轮遂反客主之形莫申华夷之辨始则千群火雉几焚羯虏之营继则百道云梯竞毁睢阳之郭丸封失守贼众齐趋当斯时城开师溃绿旗之分翼何归巷战寇深丹郡之鏖兵独苦空拳张处振臂齐呼饮血泣时结缨不乱于是阵亡者六十有五受创者七十余人呜呼严颜之头颅可断谊无或降田横之义士偕亡人谁乞活是非知方之训裕于平时奚至气矜之隆同归一辙哉今都统穆公悯尽忠之士奏牍上陈我皇上褒殉难之臣殊恩特沛敕建昭忠祠春秋享祀录死事者子弟补官校马甲有差并给寡妇钱粮终身典至重也恩尤隆焉夫云台绘像不列裹革之勋臣泸水用师莫恤征藩之将士一时缺典千载兴嗟若兹之肇祀特崇既慰忠魂于地下匪颁从厚复恤后嗣于生前虽本军校之忠勇堪嘉实由朝廷之轸矜独至也廷扬来守兹土适际其时悯殉节之艰贞详其颠末虑历时之久远没其姓名爰勒贞珉纪九重恤忠之典永垂青简励三军挟纩之思

诰授朝仪大夫青州府知府军功加三级纪录二十次李廷扬撰

诰授奉政大夫青州府理事同知军功加二级纪录十次庆福篆

诰授武翼都尉左翼右翼协领达善　穆克登阿　伊琫额　贵升同八旗官员等泐石

道光二十三年桂月穀旦

候选布政司理问罗心渊书

（碑阴）

谨将阵亡官员花名胪列于后

镶黄旗　委署前锋校文魁　前锋绂兴阿　连兴　贵海　马甲双魁　萨勒杭阿　存贵　庆广　连通

正黄旗　前锋文升　法克进　明昌　马甲贵林　瑞喜　色布政额　倭什珲　达萨图　齐喇图　色克图

正白旗　前锋色布政阿　马甲文贵　达哏阿　常住　连喜　色陈　哈楚先

正红旗　委署前锋校喜兴　领催色凌额　莫尔根布　前锋庆住　马甲群德　会连　伊勒图　穆齐吞　巴克唐阿　连德　塔尔翰布　伊凌额　恒祥　倭什珲　文静　惠林　来住

镶白旗　前锋常保　马甲吉善　伊翰　阿克敦布

镶红旗　前锋吉咙阿　马甲双存　萨勒抗阿　宽海　明安　玛扬阿　保亮

正蓝旗　马甲文魁　齐哏阿　贵新　杨桑阿　保长

镶蓝旗　委署前锋校阿勒金图　领催阿楚珲　前锋尚阿图　西喇图　庆云　马甲贵庆

印务佐领久住　多绅保　多廉

领催吉禄监修

笔帖式文德书

石匠靳思文刻字

252. 诰授武翼都尉驻防青州满洲协领穆克登阿等抄刻江苏镇江府建立青州驻防忠烈祠碑

（碑阳）

抄刻江苏镇江府建立青州驻防忠烈祠碑文　有后跋

道光壬寅九月余以松江府调权镇江府事时英夷甫就抚未入境即闻人啧啧称青州驻防弁兵守

城血战事及见郡绅士亦皆以此为言且惜其势分援绝不获并命沙场以成荡寇灭贼之功为可痛也先是夷船据舟山江南沿海诸郡县皆调兵防守青州兵素号骁健调戍江南省城者数月继以夷船驶入长江镇郡为南北咽喉要地则移驻郡之东码头以守炮台东码头在象山之麓为夷船登陆所必由使青州兵四百人得并力于此凭象山之险开炮轰击胜负正未可知乃以寇氛渐逼都统令入城分守四门门各百人遂致势不相救北城有虚台与北固山相对俗呼十三门者独无青州兵防守夷人即由此植梯而登城遂以陷城陷之日死者前锋校三员领催三名前锋十三名马甲四十六名远近闻之俱为陨涕闻贼之陷城也为六月十四日天将午火箭齐发东西北三城楼俱被焚烧贼乘势攀跻他守兵以千数皆震慑独青州兵奋勇格杀至血积刀柄滑不可持尚大呼杀贼呼未已而贼之由十三门登者已蜂拥蚁附而至犹复短兵相接腾掷巷战击毙贼且数十百人直至全军尽溃力不能支始夺门以出呜呼使守城者尽如此之奋不顾身又安见贼之终不可御城之终不可保而徒使骁劲果勇之士不旋踵而悉膏贼斧岂非夷人之幸而镇城居民之大不幸乎昔张巡守睢阳城九月城中兵民知必死无一畔（叛）者城破同死尚有三十六人青州弁兵何以异此此以见忠义之气之常存于天壤间也抑又闻自军兴以来调防兵多为民病独青州兵与民相亲民恃以无恐故战死而民思之不置礼有之曰有功于民则祀之以死勤事则祀之郡之人立庙于城西门内享祀以时余谓其有合于礼也爰为之立石详书死者姓名于碑阴非独国殇之魂得所凭依且以使荷戈执盾者经过俯仰有以作其慷慨同仇之气顽廉懦立讵不有赖于斯与于是乎书

时大清道光二十三年岁在癸卯夏六月吉日

赐进士出身诰授朝议大夫署镇江府事松江府知府畿南崔光笏撰　敕授文林郎镇江府丹徒县知县光山王德茂书

镇江府教授蒋景曾　丹徒县教谕阮师龙　镇江府经历赵秉佶　丹徒县主簿王治溥　镇江府训导陆嵩　丹徒县训导张晵光　镇江府知事王兴晵　丹徒县典史方兰实

岁贡生张祥图　举人闵炳荣　廪生戴棠　举人赵曾　举人蔡嵩年　生员李之漢　生员韩珣　增生王元吉　廪生赵彦俞　副贡生韩兆元　增生王保　增生李大同　廪生章炟　举人赵彦修　举人赵尔猷　拔贡生杨桨　廪生李昌龄　廪生杨彭龄　廪生钱万选　廪生张春第呈建

道光二十五年春二月吉日

诰授武翼都尉驻防青州满营协领穆克登阿　达善　伊琫额　贵升同八旗官员等立石　敕授登仕郎青州满营左翼笔帖式多善抄书

（碑阴）

跋崔太守撰镇江忠烈祠碑文后

敝城恤忠碑记南城李太守乐亭所作也其写镇江御敌死难事鬚髯奋张奕奕如生与目睹其事无殊甲辰仲春太守又以镇江忠烈祠石刻碑文见示记载犹祥询所又来始知与前署镇江崔太守为至交时有寄书因悉镇江建醮立祠设春秋祭典各义举皆崔太守倡捐重资之力乃碑文不自居功悉归美郡人表我军血战之忱死者瞑目阐当日守城之苦生者倾心爰撰数语以志铭感兼以述两太守之异地同心云尔

青州满营协领伊琫额　佐领魁亮　瑞格　多绅保　久住　长廉　多廉　防御丰升额　明霖　骁骑校丰绅住　庆安　久禄　倭绅　岳莎佈同捐资勒石并识

领催岳克清阿、吉禄、文亮监工　石匠靳思文刻字

253. 镇江市重立忠烈祠碑

（碑文与原碑同）

254. 光禄大夫头等阿思哈尼哈番管佐领事桑哥曾祖诰命碑

（碑阴）

盖闻水源木本世德启长发之祥春露秋霜考恩有永言之财我曾祖考□□开国忠贞夙著于旗常清白传家谟训克贻夫弓治镌恩施之诰命爰勋□□于万年钦赫奕之功用式嘉□于百世冀伸不匮之思永保无疆之绪敬勒碑阴以彰不朽云

光禄大夫头等阿思哈（尼）哈番加一级管佐领事曾孙桑哥勒石

顺治十四年五月二十五日立

道光二十二年八月升授盛京副都统六世孙庆住于本月二十一日到任后祭扫茔垣目睹旧碑篆文模糊谨将碑文摩录于次年三月二十一日重复镌刻敬志前勋以照后世

255. 陕西知府鄂恒撰书恒慈上人行实碑

西山绵亘数千里峰峦幽秀诸刹多寄于苍翠中其规模之宏阔法律之森严历晋唐几二千年则潭柘山之岫云寺实甲于诸刹众僧以数百计皆受教于方丈为方丈者非有真学不足阐万法之宗非享大年不能尽一生之愿故得其人为难得其人而又得天尤□□□若恒慈上人可谓兼者与天性颖悟真朴少有□□□甫十岁不茹荤剃度于长春寺颂经念佛寒暑□□□夜近午鱼梵之音尚从灯光出有相者曰此毕□□□也癸卯圆具于岫云寺静海和尚座下如子游得谒卫公而学益近矣后以方丈圆寂众僧请上人继固辞不受良久乃诺受戒之曰为僧亦在克己修禅秉律一切从严庶不废先师法否责之勿宽皆敬畏之寺有广厦数千间金碧楼台高耸云表秀出九芙蓉环其寺游客徘徊动辄迷路石奇树古翠欲滴衣然入其门如无人钟磬之余流水松风而已世多有高僧为列庙所知圣驾数幸与之讲论颁赏般若经雍正乾隆间又赐手书楞严等经上人皆能颂无差夫帝京天下第一之地也岫岩寺天下第一之寺也寺之方丈天下第一之僧也兼此三者与之王侯夫岂易哉上人六十有九精神健旺不异中年盖得天者厚也夜念经先众僧起不以老辞衣服饮食等于众未尝加岁两传戒必口讲指画若不知老之已至所谓阐万法之宗而尽一生之愿者非上人谁与归尝闻佛寿无量上人奉佛唯谨我国家于万斯年此僧此寺共之矣

鄂恒书（印章）　　金陵吴世凤刻

256. 盛京金州正蓝旗防御记名骁旗校现任本边门章京武什杭阿等倡率整修叆阳城关帝庙题名碑

（碑阳）

盖闻神威赫奕千秋肃毖祀之瞻庙巍峨百世仰宏纲之重扶末运非徒存鼎足之乾坤义值阽危岂再辟蚕丛之日月是以丹心炳青简而常新浩气贯白虹而不灭凤邑叆阳就有关帝庙像属铁铸重逾千斤彩焕金妆高并五尺有山东赵姓者由叆阳边门外荷负兹土建立殿宇三间由来久矣特以阴阳薄蚀汉宫之柏梁已倾风雨摧残鲁殿之灵光尽泯鼪鼯栖难伸俎豆之义霜露沾裳莫展椒糈之献有文武章

京者祥公武公也虔心起造立愿重兴倡率兵民鸠工构木增修大殿马殿各一座章京为率义之首兵民效子来之先俾翚飞焕彩腾虬栋而舞盘螭粉垩凝霞驾虹梁而曳文杏务使烟霞羽士长瞻绛节之朝伏臈村翁不断白频之荐功程告竣既勷大力于中善缘共成敬勒芳名于左

本门领催得喜　李国政　司达　明德　扎坤珠　庆玺　康学君　谢成　张永吉　李太庆

盛京兵部员外郎现任本边门章京随带加二级记录三次祥安

盛京金州正蓝旗防御记名骁旗骁现任本边门章京武什杭阿

奉天府承德县文生荣德音拜撰

兴京城厂弟子赵鸿远敬书

台千总刘福禄　钟□　李国清　得升　长青　李国富

（以下略）

大清道光二十五年岁次八月榖旦

（碑阴略）

257. 大清故医宏不器家传碑

大清故医宏不器家传碑文谨序　胞妹少金英谨撰

清故家严笔政西安人也姓洪讳瑚琏号三希自凉州驻防乌鲁木齐其生子名哈哈达号日华子字宏不器胞妹名金英号少金因母忽染疾症一目失明为我兄妹惊惶无计出于无奈之间我兄妹二人同书表文祈祷上天求寿于母祷知此念已诚感动上帝我二人见母疾微减复虔祈方请神疗治祗治数日母恙大愈一目失明祈神治目之间言言皆教吾兄医道活人保母目明复采新药于母生明余二人变真而进母草药母目日日瞳人渐生复祈神方降语如求目明者即将新药采全五十七位可生目明生此新药乃天降治症之灵指公流于后世但我胞兄三年之劳心採药亦全治书亦成有求目明之中言言上天诸神怜悯苍生涂炭以后必出异症兄作新药叔经瘟火恶症剌法共十卷不意公忽于乙巳八月初戌寿终忽然丙午之岁本处火瘟之症大起妹意想传此治法秘书不得其便兄在世所留除瘟秘书十卷眼科孝行神符集上中下三卷痘疹百符神成集八卷恐有贫寒无力医治者专作先天大行集二卷大行孝经九章治政论一章生死论一章一切书章俱兄在世所作又遗上策治黄河通流在河南济源下五十里火烧林木北火生之处从北开渠向北流一百五十里而入火烧林中自有妙道火年可知二策治之法黄河通流在孟津孟县之北中开一渠引入于竹林中东流至天息中有空自入地中行十里自减十之五分三策黄河通流孟县之北开一渠广十八丈深五丈中有妙理通至竹林至达天息中入于地下有土有石无水有十之五分原归故道而入于海火年可用自有人中治日生其策名曰张生华生之后知四策之治在河南生火处生中火土出特生济水中之开千孔流入荥以上诸条愚思本处所传若有不循恐兄之苦心妄废在世谨将前情故勒碑文传于后世永垂不朽

道光岁次己酉五月望　友侄孙乌鲁木齐已故年满笔政绥英之子萃轩强谦敬书

孙吉楞布 伊克坦布 爱仁布建

258. 皇清诰封承德郎何什墓碑

（碑阳）

皇清诰封承德郎何公讳什　安人汪氏之墓

（碑阴）

内盘乾山巽向兼亥己庚辰庚戌分金前对轸水蚓二度后座壁水貐七度

道光三十年岁次庚戌梅月穀旦　奉祀孙贡生何彦超敬立

兴京厢红旗界坐落赵鸭子沟荷包沟处何彦栋名下贰领祭田红册地壹佰贰拾亩窝棚九处　又再世孙笔帖式何文汉书

道光二十五年首报坟元荒地拾贰亩三至山一至沟口

259. 诰封通议大夫永海墓碑

（碑阳）

诰封通议大夫永公讳海之墓

（碑阴满文难以识别）

260. 诰授武功将军四川提标左营游击富克金泰墓碑

显考皇清诰授武功将军讳富克金泰享五十七寿系密云驻防镶黄旗满洲人生而勇敢有为不避艰险历任江西抚标都司□升四川提标左营游击嗣因粤西逆匪扰乱江湖蒙江西巡抚陈公启迈奏□江省协剿逆匪屡立战功奉旨顶戴花翎及咸丰四年七月毛贼攻扑武宁等处显考督带弁兵□队迎剿身先士卒动合机□有名将遗风焉贼虽不计其数而□金冲杀贼□披靡此已足以夺其气矣讵意毛贼退却后复分股□抄袭我军显考奋力直前背水鏖战身负重伤落河殒命呜呼此盖天不假年不克成功于疆场也是年八月□四日奉上谕富克金泰杀贼捐躯情实堪悯着照原官议恤奉准□部议给予云骑尉世职袭次完时恩骑尉世袭罔替奉旨依议钦此噫显考虽不克遂志扫除贼氛而仰还皇恩光前裕后魂在九泉应亦无恨也已

大清咸丰六年十一月

不孝男□祥　□祥　孙承忠　承□　承□敬立

261. 升福泰山摩崖石刻

咸丰丙辰孟夏

栏环翠秀

长白升福□□

262. 山东巡抚文煜泰山摩崖石刻

咸丰庚申四月穀旦

河山元脉

长白文煜

263. 日讲起居注官詹事府詹事魁龄撰并书瓜尔佳氏墓碑

大清同治三年岁次甲子九月榖旦

先姊瓜尔佳氏五十七寿之未字女也幼明敏不苟言笑知书善女红长通晓义礼能容物鉴别是非遇事断之辄中肯綮戚里见而悦之曰之子寓精明于浑厚将来可为载福之器势必至理固然也乃天既予以十全之心竟不予以十全之身先姊年甫七龄龄既染脱骨伤寒病症愈后半载腰骨忽然隆起先父母日夜忧思多方觅治延外科数十人服良药数百剂而筋骨日见曲拳竟至不可救药厥后药毒结疮濒年屡发垂死者不知凡几此龄所以追溯昔年潸焉出涕者也先姊年十龄即知仰体亲心病剧时多方掩护不使亲知稍愈即攻针黹事无钜细从不敢疾言遽色稍露于亲见迨先父母见背之日生事死殓又一不尽礼尽诚其孝行有如此者先兄未殁时龄年尚幼先姊则诸事推让一切饮食衣服除供奉先父母外无不次及兄弟每遇大事则见其早作夜思多方筹画并不揭手足之短以炫一己之长其友于有如此者方先姊之及笄时也先父母忧甚呼龄等至前示之曰女大不嫁吾死岂能瞑目因拟买婢议婚事寝成矣不期先姊从旁得闻以为父母恐留身后之孽会当以死报亲恩乃竟撤其环琐三日不食家人劝慰不怒亦不喜一若置死生于度外俾亲心无憾于生前无疚于身后而后安者我先兄窥之恻然不忍也于是携龄跪父母前而告之曰儿等遂俱不材岂遂不念手足情异日无论贫富甘苦愿与共之泪随言下举室哭之皆失声先父母叹息良久始允所请而先姊自此转悲为喜意气因之愈平言行之因之愈谨盖其所见者大斯其所就者宏既无伤乎父母之心复无失乎手足之义噫其殆北宫之女婴儿子复见于今日耶其节烈有如此者龄十六岁时慈母弃养先兄相继辞世彼时先严年近七旬遭此不幸精神大为颓减呼龄至榻前而告曰我年老矣不能为汝作经营将来汝读书有成便是给汝留下家计汝好自为之无负我言龄跪聆之下悲感交集先姊以严亲年迈自理家务上以尽养亲之志下以纾爱弟之情龄夜读姊夜织盖三十年如一日也迨严亲见背之后龄始得举孝廉成进士皆先姊佐理家政俾龄无内顾之忧之所致也其劳勚有如此者伏年龄一介寒儒十年水部甫邀外用又擢京卿正思鹤算添筹冀酬积劳之素岂图瑶池返驾竟成无主之魂先姊于客秋染患痼疾一病遂至不起延至今年九月初十日竟尔溘然长逝是五十年之艰难困苦终不得一二日之休息安闲胡天不悯一至于此耶呜呼终天抱恨子职既不能无亏同气兴怀悌道更无由克尽謹述颠末以示不忘我后世子孙睹斯志而观感兴起庶不使斯墓沦于荒煙断草也是则予之志也夫是者予之志也夫

赐进士出身日讲起居注官詹事府詹事同怀弟魁龄撰并书（印章）

264. 盐运使衔候选道如山撰文重建护国寺记碑

（碑阳）

重建护国寺记碑

凡物之极精且美者未有不基至朴且拙之谋以成者也非物能然也物载道而道使之然也佛以庄严为相色也皆物也其不坏群相以合无相空也皆道也楼阁七宝精矣抑知无执持一心之朴不现也祇园布金美矣抑知无雪山苦行之拙不成也物非道无以立道非物无以彰或目度自修因物见道或绝思绝议物寂道囧是在各具会心矣阔如和尚窠田剃染登戒卧佛寺破参万寿寺退居万寿寺别院护国寺

五十余年食杂糠秕衣葛摩其朴为何如一意焚修孤行忤俗其拙为何如卒使退居之地隘者扩之湫者垒之蒿莱而草木之恢其阶阤峻其殿宇丹雘榱栋垩饰其阛墙鼓钟谐雅旒幢明凡所谓物者罔弗精且美焉谓非基于谋之朴拙不能为也阔公皤然一僧耳处心积虑朴拙力道犹能精美其剎土胡世之欲精其业而美其名不物于物者弗于道之至朴且拙谋之哉为阔公庆吾□不能不为天下劝也

时在同治五年岁次丙寅四月

赐进士出身赏戴花翎盐运使衔候选道哈达赫舍里如山撰

咸丰己未恩科举人松山尹启秀书

（碑阴）

众善人等

265. 塔尔巴哈台参赞大臣德兴阿之母建坊旌表圣旨碑

同治六年

上谕西安将军库克吉泰奏文□闻讣丁忧并请在营帮办军务……北路军于塔尔巴哈台参赞大臣德兴阿现丁母忧著赏银五百两……黑龙江将军发该大臣家属祗领军务方殷未便□□□德兴阿……塔尔巴哈台参赞□□大臣□军务□□再行回旗补行穿孝钦此五月……上谕库克吉泰陕西巡抚□□□上奏请大员之母……台参赞大臣德兴阿之母乌□苏氏生前事姑尽孝庄□守节四十年……孝可风著该部照例建坊旌表钦此　前钦差大臣……

266. 四川按察使英祥瞻拜岳王庙诗碑

庙貌崇汤邑时停过客车精忠钦报国至孝仰传家竹帛功勋著枌榆祀事加我来瞻拜后鸦噪夕阳斜

同治己巳季夏四川按察使者长白英祥熏沐敬书

267. 宁古塔副都统盛京将军索伦地方总管安珠瑚墓碑（一）

（碑阳）

大清同治十年岁次辛未清和下浣榖旦立

贻厥孙谋

吉林合字号附生孙永年敬录

（碑阴）

安珠瑚字介秋满洲正黄旗人姓瓜尔佳氏世居苏完地方父阿拉穆任佐领顺治元年王师入关从征击流贼阵亡赠云骑尉世职以兄子席特库袭顺治七年恩诏加授骑都尉病卒安珠瑚袭旋遇恩诏晋三等轻车都尉安珠瑚少力学通满汉文官检讨顺治八年天兵征湖广请从改刑部郎中击贼有功十二月敬谨亲王尼堪没于阵安珠瑚冒险觅王尸深入贼境得尸以还人皆壮之十四年从征浙江舟山以功加三等轻车都尉旋因病解郎中任十八年病痊从征山东贼于七坂其党吕寻奇高奇山等康熙二年调参领六年升宁古塔副都统世调守吉林乌拉十四年察哈尔布尔尼叛安珠瑚创设水炮严为防御贼至西尔旦岭闻有备乃不敢犯吉林乌拉控驭外边为盛京屏藩安珠瑚莅任以札努喀等新满洲及席北等编为佐领俾各得所远近欢悦十七年特旨褒奖晋一等轻车都尉兼一等云骑尉旋升奉天将军赐元狐

裘紫貂朝衣玉带鞍马至奉天题请展边界二十余里沿边设木栅加兵防守横亘数千里屹然有金汤之固焉又增筑奉天外城明故将毛文龙所遗兵丁子孙犹居海岛无所归安珠瑚请招抚之拔壮者为水师勤加训练各安于伍自是游民皆成劲卒矣屡奉圣祖温旨嘉奖二十二年缘事令以原袭骑都尉在吉林乌拉地方效力三十三年从都统公彭春往征罗刹为前锋参领徇虎图鲁河有功二十四年复从彭春攻雅克萨城降六百余人以功授索伦地方总管二十五年卒葬于吉林城西八里团山子之新茔赞曰先儒有言博通疏达儒生之力也举重拔坚壮士之力也盖兼之者难焉安珠瑚以文学侍从自请从戎迹其不避艰险居然万夫之敌矣迨出任边陲殚心区画观所建立非文武兼资孰能与于此乎

吉林管理金珠鄂佛啰等站六品顶戴总站官六世孙文辉　钦命奉天府府尹军功随带加四级纪录三次七世孙恩锡等熏沐监立

大清同治十年岁次辛未清和下浣穀旦

吉林合字号附生孙永年敬录

268. 宁古塔副都统盛京将军索伦地方总管安珠瑚墓碑（二）

（碑阳）

大清同治十年岁次辛未清和下浣谷旦立

绳其祖武

吉林合字号附生孙永年谨书

（碑阴碑文与宁古塔副都统盛京将军索伦地方总管安珠瑚墓碑（一）相同）

269. 文渊阁大学士两广总督瑞麟题额

同治辛未孟冬吉旦

五仙古观

文渊阁大学士两广总督瑞麟敬书（印章）

270. 原任大学士赠太傅文祥墓碑

（碑阳）

朕惟亮工熙绩谟明资弼直之材论道□□密勿重枢机之任念成劳于元老鼎鼐攸司缅硕德于阿衡典型忽谢盖相业永孚乎一德斯恩荣远照□□秋允勒贞珉用光伟烈尔原任大学士赠太傅文祥忠勤秉性蹇谔匪躬始簪郎署之□旋历台垣之职正钧衡□六属宏建嘉谟综枢要于一心洞娴方略昔者沈阳不靖虏骑潜窥命总师干□承庙算奋击则狼烽迅扫穷搜而□迹□空畿辅因之乂安耕市于焉不变克敌致果纡先皇宵旰之心说礼敦诗饬儒将雍容之度时则□□款服互市骈阗勤襄柔远之谟密画绥边之策胸罗武库西夏闻而胆寒手草尺书赞普为之气詟约剂特重于九鼎蕃情远口乎重洋惊李晟为天人惮王商为汉相凡此艰难之宏济悉由笃棐之荩忱至□宿卫典军经帷儤直既屡持乎文柄亦淹贯乎史裁掌制鸾坡屡颁堂馔乘舆鳌禁独冠班联接恩礼于三朝眷怀旧德任总司于百揆旁作迓衡逮藐躬继序之年正□成顾问之日书思温室鉴世载之勤劳绝席纶扉作百僚之师长赉予良弼祝尔遐龄方期赐杖于朝端□□撤□私第追维成绩克副易名苏轼为奎宿后身经猷丕焕欧阳是洛中耆旧德望

同□谥曰文忠奚惭囊喆于□□□□□尔惟日赞乎万几黄发皤皤天不慭遗乎一老爰宣纶綍式表堂口昭示来□敬承勿替

□□□□八月三日勒碑告成择吉敬立齐庄叩禀孝男熙治

（碑阴满文）

271. 赐进士出身儒林郎吴宗阿墓碑

（碑阳）

康熙乙酉乡荐丙戌甲榜

赐进士出身始祖例授儒林郎吴讳宗阿　安人杜氏缪氏之墓

翰林院庶吉士暨男文兴　文默

大清光绪二年仲夏榖旦立

（碑阴）

碑文序

尝闻大丈夫功盖寰宇士君子名垂青史谓斯人也虽不及是功之大者亦必度其力而施其才也况在宗族前人有创作之德而后世敢不心焉继之也维我吴氏京都厢白旗满洲人也随卫旧臣世受国恩及我始祖宗阿公身仲两榜名列翰苑惟知居官以忠义致结怨于诸奸同谋诬参夷门大冤身陷刑狱胸运奇谋当审舌辩似武侯之战吴儒对折口荅如倪生之詈曹瞒冤抑覆盆心生逸思效留侯之高学少伯之清携眷来东择居安处以保迟暮之年以存燕翼之谋遂录哀矜作遗训以为后世戒耳呜呼我祖胆识兼优临难不屈临事不苟君子之气丈夫之风如见其人如闻其声为之惶悚而激然曰卑不敏敢不勉而为之旌乎爰勒铭以志使世世以知其本云尔

272. 奉锦山海关道道员景福德政碑（一）

（碑阳）

大清光绪二年岁次丙子九月榖旦

景方伯德政碑

营口众铺商敬立

（碑阴）

海宇一奉锦分间峰亘辽水趋而没沟营出临冥北构而东折南走辰韩百川朝宗汇丁两营是地也商民辐辏舸舰迷津雄财一方税课甲东省然地接边荒滨临海澨五方杂处风俗强悍夙称难治同治初年始分海关大员以镇摄之嗣有初任□俊公观察斯土规模初具政令新更风气略为之一变至癸酉春我方伯景公莅任练兵榷税除暴安良百废俱兴治教风气始为之大变而一新其德及故信孚信孚故人和人和故政无不举昔昌黎公日莫为之前难美弗彰莫为之后虽□弗传信如我公有以过之而无不及也公自九江来循声善绩美不胜书迹其生平大略以国计为性命与民众相始终凡地方有一利不兴□惟吾之责有一弊不祛曰是予之辜其功德之在社稷人民者一出于兹任自然下车伊始窃见公之廉明方正恺悌慈祥其持己也俭以廉其卒属也责而勤即如严禁赌博惩治土匪剿除海盗揖捕马贼诸大端固已恩威并著宽猛交济矣匪直此也而其最初于公兹者有若议奉文则上下两便体国即以爱民故行

商作感恩之口整市廛则银钱不病虚谍归于实用故梁远无异议之言且通商口岸重赖桥梁为之饬岁修兼揽阻讼徒不得尽其辞讲武区场尚无学校为之创义熟并宣圣喻愚蒙借以启其化是由□音胥靖鲸溥无惊商旅安生居民乐业其政绩之条理也昭昭在人耳目其口碑之载颂也啧啧遍传于道途焕乎巍哉至于祷甘霖埋枯骨设粥厂给锦衣安集流亡泽及泉壤者犹其未焉者□商等糊口四方幸托仁宇得承抚宁共荷生成仰维公之实心实政类此□斯绰然有古大臣名将风是不独利济一时且将万世永赖亦岂惟造命一方立将天下蒙庥矣以商等庸蚩抵知随化罔识高深欲名而实无能名欲己而情莫能己亦惟有寸草春晖作孔迩□□来藉贞珉以中意尔拜手稽首以为志

273. 奉锦山海关道道员景福德政碑（二）

（碑阳）

景方伯德政碑

盖闻经文□武致治之大猷礼□□民安边之伟略及朝廷之□任等大臣□之承宣效职者良有以也我陪都为根本重地襟山带海控北引南□海地方有牛口没沟营地海航云集商贩风从既五方而杂处复重择之交通□□廛□□持简雄沈□□□□分巡防守税课□□重镇□实钜任焉自同治癸酉……方伯景公□□□□□钺所□□□□□练兵则两翼整齐严肃武备兴文事兼修防□则五载安谧绥和近悦胥远来并至加以钞关榷税山□□□夫□□□国□□□□共资其乐利公政绩之□礼如此至若公以世家华胄服古入官至性慈祥太怀淡定动静起居交义友□经□□□其□□之敬慎足以格昊贶而迓和甘以德性之祥和足以恰舆情而孚庶汇公气体之居养又如此其他□放□□散衣□□□□救省乐善好施诸美端不胜胪举惟于裕国通商之道加意讲求实心体恤凡有关国计民生者罔弗揆时度势由道上下之情从旁不惮烦言而解却见济物利人之量毕形忠君爱国之诚若是者不惟地方□受其庇而德泽之波及于我等商船者独深且渥洵所谓杜弊于未形蒙庥于不觉仁人之言□□□哉□等自顾何人讵敢赞扬高深于万一为以身承怙冒顶荷帡幪抑独何心能勿歌功以为芹献颂德而输葵倾之忱也乎寿诸贞珉志不忘也聊存异日之遗爱云尔

大清光绪二年岁次丙子巧月縠旦

（碑阴）

直隶顺天府宁河县绅士（名单略）

商船（名单略）

经办人于德□　程正兴

李显扬撰文　□同庆敬书

274. 赠署理重庆府知府庆善之父得升为光禄大夫母缪氏瓜尔佳氏为一品夫人诰命碑

（碑阳）

奉天承运皇帝制曰求治在亲民之吏端重循良教忠励资敬之忱聿隆褒奖尔得升乃花翎盐运使衔加四级署理四川重庆府知府庆善之父褆躬湛厚垂训端严业可开先式縠乃宣猷之本泽堪启后贻谋裕作牧之方兹以覃恩赠尔为荣禄大夫锡之诰命於戏克承清白之风嘉兹报政用慰显扬之志昭乃遗谟

制曰朝廷重民社之司功推循吏臣子檩冰渊之操教本慈帏尔缪氏瓜尔佳氏乃花翎盐运使衔加四级署理四川重庆府知府庆善之母淑慎其仪柔嘉维则宣训词于朝夕不忘育子之勤集庆泽于门闾式被自天之宠兹以覃恩赠尔为一品夫人於戏仰酬顾复之恩勉思抚字载焕丝纶之色允贲幽潜

光绪肆年叁月拾捌日

（碑阴满文）

275. 诰封振威将军吉林协领赠副都统衔金福墓碑

（碑阳）

威靖萑苻

（碑阴难以识别）

276. 署理义州城守尉中和捐资重修大佛寺碑

（碑阳）

且夫心存礼佛则七宝装之所存必宜修理而势若补天叹五色石之难炼大费踌躇维兹义郡东街旧有奉国寺一所观其碑志在大辽已属重修数代以来风剥雨蚀虽免摧残虽已迭经葺补而规模阔大局势崇隆则些须之工料正如以燕啄之泥补翚飞之室不免顾此而遗彼耳迄今阅时益久摧残益甚非大兴土木尽为整理难期其完固而久长也况自近年以来于每月朔望为州尊申讲圣谕化导军民之所尤宜使之严整肃观瞻以重典礼是以佐领沃林布委官德克京额商民顾允升等帮助住持僧隆奉等尽心募化竭力经营以成此盛事而州尊福大老爷尤不惮吹嘘之力焉计自光绪七年春季兴工至八年秋季将大雄殿八十一间无量殿三间碑亭钟楼各一间牌坊一所内山门一间东西便门各一间以及内外墙垣无不修理整饬焕然一新工既竣属予为文以记不揣字句之正掘聊以陈其颠末云尔

福顺成兴济生施银六十两　署理义州城守尉中和施银十两……沈阳厢白旗委官苏含施银六十二两……附贡生马锡侯施银四十两……义州生员姚德谦施银五十两……义州正蓝旗佐领丰生阿施银四两……义州正红旗佐领沃林布施银十两……商民顾允升施银一百两……正蓝旗委官德克京额施银五十两……昌黎县民张和施银一百两……大榆树屯何文兴等共施银八十两……记名佐领兼云骑尉德荫保施银六两……噻咧众商等施银一百两……领催佛德恩保施银三两……太医院吏目张心逸等施银三百三十两……文生李□魁……武生何德□……兵科经承杨治国……

义州学会号附生耿庆泉撰文　义州学附生王桂芬书丹

光绪十年中秋上吉日穀旦（略）

（碑阴略）

277. 湖南镇箪镇总兵祥福祠添置祭田记碑

增建祥镇军祠添置祀田碑记

尝谓祠庙有废兴人事有代谢惟忠臣烈士其精灵浩气充塞宇宙故一建专祠有举莫废虽历劫而不容泯没且愈久而愈发其光若祥镇军祠有足称焉溯道光辛丑英法犯顺省垣戒严镇军由湖南统兵来粤调防乌涌口一带海旁甫到防地周视旧筑营垒不合法度正议迁改而英夷轮船猝至轰击全军奋

勇敌忾击退英夷者三不料海潮骤涨苦无舟楫接应遂至慷慨捐躯军士皆致命效忠无一逃者知镇军素得士心军威政肃也事闻朝廷矜悼褒恤诏立专祠黄羊麓军士皆得副附祀焉所有军士忠骨入于山腰为大茔礼葬而坊表之典至隆恩至渥矣光绪间署广协邓奉委到鹿步司属办理团局捕匪事宜晋谒镇军祠目睹栋宇荒颓恻然者久之思即重为修葺爰命书记录存名衔位次一册未几而后座毁于火嗟呼夫以镇军义烈天生精忠报国虽古之忠臣烈士公侯干城何以加之朝廷诏建专祠岁修祀事宜其千秋勿替矣乃仅数十年间而颓废荒凉行道且为叹息其何以慰忠魂而昭旷典乎协台邓捕务粗毕旋省禀大宪因与僚友商议捐签约得白金数百余两即嘱鹿步局绅督理修葺仍旧两座以其浅也辟深八尺塑像以肃观瞻右旁前建小厨后建祭祀更衣之所门外祠道复辟而广之余银置业及发永顺当生息为清明祭扫司祝工食经费此固事之不容已也迨光绪九年法人蚕食安南大肆鸥张各省海口戒严钦差大臣彭来粤防御自长洲鱼珠以至虎门添筑炮台往来巡阅鱼珠统领广协邓因导彭宫保晋谒镇军祠宫保询知祀田缺乏慨然捐银一千圆为之倡各提镇统领道副参游各营官踊跃捐助共得白金数千余两于是增置祀田加修祠宇添建东厅一座一地祠一间并招僧人住持司香火宫保即移咨督部堂抚院存案制军张又喜而加捐焉此皆由祥镇军忠肝义胆果毅性成故闻风者莫不感激乐助如是也镇军讳福满洲正黄旗人其宦迹功勋暨当日率众敌忾忠贞大节前碑悉□无庸多赘惟是祠宇几废而复振兴之祀田缺乏而更增益之所云历劫不磨久而愈盛者其在斯乎今而后春秋匪懈享祀不忒以妥以侑垂之永久不可无以祀之也爰勒贞珉俾仰遗徽者有所观感焉是为记

时光绪岁在丙戌孟春七十八岁里人庚子恩科举人周德芬拜撰

钦差大臣太子少保办理广东防务兵部尚书世袭一等轻车都尉彭玉麟题银一千圆

兵部尚书兼督查院右都御史总督两广等处地方军务兼理粮饷张之洞题银三百圆

广东水师提督展勇巴图鲁方耀题银七百圆

头品顶戴记名提督署广东陆路提督印务潮州镇总兵额腾依巴图鲁郑绍忠题银三百圆

右营提督衔总兵熊高望

前营提督衔总兵唐得胜

前直隶提督统领庆宁全军娄云庆共题银伍百圆

左营记名提督熊铁生

后营提督衔总兵龙藻琦（均庆字营）

前湖南提督统领振字全军王永章题银三百圆

前营副将衔参领章其俊

头品顶戴记名简放提督军门统领老湘合字各营博奇巴图鲁陶定升共题银三百圆

右营尽先副将彭怡盛（均合字营）

提督衔记名总兵领树字全军刘树元共题银二百圆

总兵衔补用副将管带左营黄大胜（均树字营）

钦差总理营务处统领毅安春字等二品衔督粮道署理雷琼兵备道王之春题银一百圆

总兵衔赤溪协副将捷勇巴图鲁吴迪文题银五十圆

广东顺德协副将骠勇巴图鲁利辉题银二百圆

潮州镇总兵署广州协副将锐勇巴图鲁邓安邦题银三百圆

署番禺县正堂裘伯玉捐送契银两

番东书院题银十大圆

茅岗六德堂题银五十圆

督修绅士凌楷题银二十圆

督修绅士罗大善题银三十圆

值事绅士钟炳奎题银六圆

值事绅士潘恂题银六圆

署广州协右营石井汛把总补用守备邓思题银六圆

广州协右营□岗汛外委把总梁肇华题银三圆

广州协右营尽先外委罗炳坤题银三圆

已上合共收银三千一百三十九两九钱正

本祠坐艮向坤兼丑未之原

（支出细目略）

光绪十二年岁次丙戌孟秋三月浣穀旦邓安邦立石

278. 伊犁将军金顺汉文墓碑

（碑阳）

朕惟勋高敌忾干城怀燕颔之臣典渥褒忠幽碣贲龙章之宠功足垂诸不朽礼宜备乎饰终缅想贤劳式符铭勒尔原任伊犁将军金顺谋娴韬略勇者纠桓早扬拔帜之声青齐奋绩遂贰统军之职丹扆书名剿贼楚皖风尘电扫移军秦陇露布星驰洎乎专阃宣威出关申讨削平回部摧坚砦以禽渠恢复边城控雄区而作镇沙漠之锋烟永靖塞垣之旌棨频移三十载身历戎行忠思报国十二城任膺疆寄力尽鞠躬方日觐之深嘉胡星芒之遽掩晋宫衔而锡宠明德俾达乎馨香稽策府以易名芳誉宜垂之金石谥为忠介壮厥生平於戏思大树之英风丕壮天山之色表丰碑之伟烈聿增泉壤之光勿替后人钦承休命

（碑阴）

光绪十二年岁次丙午七月敬立

279. 伊犁将军金顺满文墓碑

（碑阳满文与汉文碑相同）

（碑阴）

（汉译）光绪十二年七月敬立

280. 武义都尉木兰围场总管富明家族诰命碑（碑阴为富明家族墓碑）

世代遗风

□□□□（进）士出身宗人府□□□都察院左副都御史加三级□□撰□□□□□

□□□□□□钮钴禄氏讳林龄宁远籍满洲□□镶白旗长白人也康熙年间□□□北□□□□□□□□□□武义都尉父讳富明原任围场总管□赏戴花翎□□授武义都尉□□□□□□□□氏

□□□□□居□嘉庆十八年正月初十日吉时生□（漫漶不清）□□□□□□□□特氏□□□□□□勤□□□□□□□□□□□□□□公与大人（漫漶不清）□□□□□甚严有程□□范公无□顾□□□□笔帖式□骁骑校□升镶兰旗防御印务章京□旗防御（漫漶不清）护送蒙兵□勇□□带领前队严整纪律推诚□勉沿途□□□□犯足□其武略焉□□旗（漫漶不清）咸兴廉让恭颂膺受多□□额同治元年经□开垦围场边荒以□蒙古兵租□除兵租地外余剩（漫漶不清）九年□□目击围场情形展放越垦弊窦丛生躬□画图贴说再三请安桩封禁遂被降调之（漫漶不清）重地□□□以万生灵托命之□因固大局被议方□无愧矣休致后和乡睦□□□□□焉□□长（漫漶不清）截取□□□□光绪□□在任溘逝□秀光绪丙子科（漫漶不清）内务府□□□□□汉军门□是盖为□无不报其开厥□昌厥后者皆公德所□□□功也（漫漶不清）有□□集诗稿二份待□焉庚辰岁公与夫人□□□□□□□□□公日（漫漶不清）□□□谨就□□所□综核实事具状于在复系以赞曰（漫漶不清）而□□王坚□丽不蹙不□用行舍藏□□克刚公（漫漶不清）□□□君享年七十九岁□□人八十一岁光绪十二年十月□□日

丁亥年春三月穀旦　□男英（漫漶不清）

281. 盖州城守尉署金州副都统文格德政碑

古今卓然不朽者惟政绩功烈为最著亦为政绩功烈为最难非文士呫哔所得而办也是□有光明俊伟之才正大刚毅之气然后可以出而成大勋如我都护式严文公洵其人欤公凌川望族少秉英姿道光癸卯登贤书甲辰成进士咸丰辛亥癸丑间乡□礼闱屡司文衡嗣后观察郴桂承宣两粤兼署湖南巡抚四川总督未几入禀节中原总制齐鲁我山左诸郡咸蒙德化焉今上御极之十年法夷告警海防戒严陪都南鄙金州厅所属旅顺口武臣宿将沿海防堵不可胜数惟是文武两不相下皇上特命署金州副都统以镇之公至诸帅咸总命公持己简垂莅下宽裕莅任后雅歌投壶不欲与南城诸人多生一事殆所谓有应变之才济以特重之□故能不震不惊使旗民诸人相安无事之天欤公莅任凡四载惠政清风旗民广被其泽方冀长留南天倚为长城讵知能声上闻至尊方将大用特简公为三姓副都统於戏公之功烈政绩行将播于塞北矣然陪都以南诸人何恃哉公今者骊车载道将游长白历三韩北上矣维时路径辰州邑之人士欲留公不能又不忍公之去也设供张祖道郊关外进爵而颂曰

风山苍苍辽海洋洋公之去兮怀吾乡我慕公之德政兮永永兮同山高而水长

附贡生候选州同山左牟平倪端顿首拜撰

光绪十三年闰四月穀旦

盖州八旗官员领催兵等敬立

282. 盐运使衔特授直隶承德府知府统理旗庄营汛会办热河工程事物廷杰书丹武列河西崖大坝岁修章程记碑

（碑阳）

武列河西崖大坝岁修章程碑记

热河四面皆山平原之地无多国初建避暑山庄于斯郡设官驻兵列圣岁时巡狩人烟辐辏五方杂处地窄居广不浔不堵水筑庐于是建坝以防武列之患时加培巩乾隆年间又开新河设岁修以洩五旱

河之水百余年来赖以安嗣因大坝失修旱河岁修又视为故事同治末年光绪九年十一年叠被水灾地方不堪其苦官民交困几致不能存立余与傅相李会奏请修蒙旨俞允并敕会办其事今幸一律修复因东面皆山西岸惟仗大坝以为全郡之保障故名大坝为西岸大坝陈守已撰坝记立碑于惠迪吉门之外龙王庙旱河岁修旧有专款不过删除积习实力整顿即可垂久另立章程刊碑于城隍庙惟大坝尚无岁修终非久远之谋河工本无永逸之策非岁修不可余忝守斯土不能膜视往返函商傅相会奏请复大坝岁修之举酌定章程七条勒石于河神庙俾此方保障永固金隄边塞军民共登衽席其有未备之处抑或年久变迁事当因时制宜以待后之贤者不敢云文是为记

钦命头品顶戴管理热河等处地方都统奇成额巴图噜加三级军功加一级记录二十次宗室谦禧撰文

赐进士出身盐运使衔特授直隶承德府知府统理旗庄营汛会办热河工程事物加十级随带加一级记录十次廷杰书丹

光绪十四年岁次戊子季夏月上浣立

（碑阴略）

283. 钦命帮办吉林边务事宜镇守珲春副都统升任黑龙江将军依克唐阿敦化德政碑（一）

（碑阳）

钦命帮办吉林边务事宜珲春副都统升任黑龙江将军法什尚阿巴图鲁依公德政

盖闻养民者食故重谷所贵务农卫民者兵故安良必先戢暴圣贤论政必足食足兵以取信于民后世法之今于我公得亲见之身受之矣公毓秀于伊通为丰镐之望族少壮从戎著战功于数省中岁凯旋正值吉林土匪猖獗之际公奉檄振旅次第剿□易危为安肃清全省以功擢黑龙江墨尔根城副都统公总提军符所至□严载道至于驭下爱民尤多实惠继有俄夷兆衅边备孔殷公统兵弹压俄夷震怖近边处赖以得安公昼夜巡防不惶寝食故大敌在前亟亟将战境内之民安居如旧无蹂躏之患并无逃避之苦非赖公之当兹一面乎南冈一区自敦化复拨珲春公选要驻兵以防攘夺以保间阎现更划归旧治尽为受廛之民又为之委员设局教民稼穑放余荒以开地利缓征赋以恤民艰昔年茂草之处皆比居之烟户异地蒸黎之集尽南亩之农夫耕田凿井饮□跋豳是果何修而得此也乃述圣德勒之贞珉明知乡评众论不足以表彰万一然公之丰功伟烈必有史氏书勋文人载笔既非吾小民所能悉亦非吾小民所能言第即所亲见所身受者略其巅末使夫居斯土者佥以知食我民卫我民者非公不能及此也云尔

大清光绪十五年六月上旬　　南冈六社敬立

（碑阴刻有出资立碑者文武官员的职衔和姓名略）

284. 钦命帮办吉林边务事宜镇守珲春副都统升任黑龙江将军依克唐阿敦化德政碑（二）

（碑阳）

钦命帮办吉林边务事宜镇守珲春副都统升任黑龙江将军法什尚阿巴图鲁恩宪依公德政碑

德威丕著

靖边右路统领副□□拉林花翎协领沐恩保成率中左马步两营文武官弁等敬立

（碑阴）

左□□□□副都统衔记名参领花翎佐领广成　随同办□□□□品顶戴六品管刘嘉善　□□委员领催宝祥　□□官五品□□披甲祥宽　□□官骁骑校□□□花翎富隆阿　哨长五品顶戴披甲成林　前哨官侭名骁骑校五品蓝翎杰喜　哨长六品顶戴披甲博西勒　左哨哨长五品顶戴披甲承顺　哨长五品顶戴旗录富平阿　右哨哨长骁骑校德贵　哨长五品顶戴披甲明春　后哨哨长五品顶戴领催德魁　哨长五品顶戴披甲富常　帮带官□名佐领蓝翎防御讷苏肯　帮带官佐领衔云骑尉双庆　字识七品顶戴披甲德春　中哨督队官六品顶戴披甲魁升　前哨哨官尉蓝翎防御云骑尉吉□图堪　督队官六品顶戴披甲庆顺　左哨哨官云骑尉连□　督队官六品顶戴披甲祥禄　右哨哨官五品顶戴披甲英喜　督队官六品顶戴于德海　后哨哨官蓝翎侭先外委□福永　督队官五品顶戴侭先外委杨清　七品顶戴刘景堂书丹　匠□刘万有

大清光绪拾六年二月上浣穀旦

285. 皇清敕封振威将军依克昌（唐）阿吉林灵道碑

（碑阳）

皇清敕封振威将军依公讳昌阿灵道碑

（碑阴）

大清光绪拾玖年肆月穀旦

286. 盛京将军依克唐阿吉林祠堂御制碑

御制碑文

朕维陪都作镇碉戈宣上将之威懋典酬庸玉检纪荩臣之绩效驰驱而罔懈无忝元戎书勋烈以不刊用光贞石尔原任盛京将军依克唐阿清勤志励忠勇性成发迹伊通幼娴武略起家防御卓著战功出师则迭克名城奋武则屡歼臣寇积功超擢镇墨城而位亚冠军制敌筹边巡黑水而威扬幕府累更节镇遂荷真除当三韩肇衅之余奋百折不回之志进规战守懋著勤劳鉴厥忠诚益加倚畀由汉军都统授盛京将军筹饷筹兵鞠躬尽瘁任劳任怨忧国如家方期麟阁辉煌克享期颐而锡福岂料虎臣沦殂徒瞻辽沈以怆怀眷念贤良宜膺褒恤光乎史传锡之帑金并建专祠特延世赏既加恩而赐奠爰考典以易名揆厥生平谥曰诚勇於戏三军坠泪留他年大岘之碑两字褒忠表良将祁连之墓昭兹来叶视此贞珉

287. 盛京将军依克唐阿吉林祠堂赐奠祭文碑

（碑阳）

赐奠祭文

朕惟虎将宣威勋烈壮河山之色鸾纶褒恤宓芬流俎豆之馨作雄镇于陪都无惭专阃贲饰终之盛典弥轸元戎尔原任盛京将军依克唐阿奋迹伊起家防御擐甲而夙娴武略挥戈而卓著战功克励忠诚特加勇号墨城严戍佐都护以固边防黑水扬威锡军符而开幕府频移节镇无误戎机适当瀚海之腾波命整全军而御敌援辽防海血战奋攻嗣以事平益隆简任由汉军都统授盛京将军筹饷筹兵实心实力金钱岁溢省大府之度支将士云屯固金辽之锁钥方谓遐龄天锡长承恩眷以宣勤何图上将星沉竟览

遗章而增悼追怀成绩太息临轩爰予谥而赉金俾建祠而传传特颁牲礼式建儿筵於戏麟阁垂名尚忆生前之忠悃鹤觞赐酹倍彰殁后之哀荣惟尔有灵尚其来格

（碑阴）

（光绪三十二年七月□□□日立）

288. 依将军抗倭千山碑

依将军碑

大清将军依率精卒万人大战倭寇独挡北犯于千山南立马勒铭尧山将军当军务甫起即慨然请缨攻凤凰厅攻海城几克时论惜之然敌人终不能越千山一步厥功伟矣作诗以纪之

倭人内犯在甲午　虏我黎民据疆土　公闻奋袂率师来　誓扫欃枪何英武　冰天雪地决雌雄　旌旗蔽野剑摩空　凤城垂克禅将殒　九重丹诏表孤忠　移师西来辽水清　神云呵护敌人惊　血战数日无后继　遂使大功隳垂成　两军对垒搤其吭　骁将健儿排牙帐　沈阳相距咫尺间　百万生灵资保障　方拟颉利早成擒　不负平生报国心　倏忽传来停战信　忠臣义士泪涔涔　朝廷议款非得已　不忍锋镝罹赤子　公独抗疏达丹墀　慷慨极言不可恃　愿为吾皇效驰驱　愿为小民起疮痍　拼将恢复辽南地　粉身碎首亦奚辞　吁嗟呼　河山不改今依旧　毖后惩前赖补救　大名摩泐千山巅　应共千山垂宇宙

光绪二十三年　督学使者大梁李培元

289. 大清依将军抗倭沈阳碑

（碑阳）

大清将军依率精卒万人大战倭寇独挡北犯于千山南立马勒铭

（碑阴）

光绪二十四年四月初九辛卯日立

督辕亲军营哨官建修　各工杨建廷　于国安

290. 尧山将军抗倭纪功沈阳碑

（碑阳）

尧山将军当军务甫起即慨然请缨攻凤凰厅攻海城几克时论惜之然敌人终不能越前（千）山一步厥功伟矣作诗以纪之呈教

千山行有序

倭人内犯在甲午　虏（虏）我黎民据疆土　公闻奋袂率师来上书请剿倭许之　誓扫欃枪何英武　冰天雪地决雌雄是冬大雪士卒大小数十战　旌旗蔽野剑摩空　凤城垂克禅将殒　九重丹诏表孤忠敕建祠于沈阳城外　移师西来辽水清　神云呵护敌人惊敌人夜见山巅无数兵马移□□去　血战数日无后继他营□兵不进　遂使大功隳垂成海城已克复为敌据　两军对垒搤其吭相持数月逼近敌营　骁将健儿排牙帐　沈阳相距咫尺间倭人敖言抵沈度岁　百万生灵资保障　方拟颉利早成擒　不负平生报国心　倏忽传来停战信　忠臣义士泪涔涔将领环□求战　朝廷议款非

得已　不忍锋镝罹赤子　公独抗疏达丹墀　慷慨极言不可恃上书力争和议　愿为吾皇効驰驱　愿为小民起疮痍　拚将恢复辽南地　粉首碎身亦奚辞　吁嗟乎　河山不改今依旧　毖后惩前赖补救　大名摹泐千山巅　应共千山垂宇宙

督学使者大梁李培元

（碑阴）

光绪二十四年四月初九辛卯日立

督辕亲军营哨官建修

各工杨建廷　于国安

291. 钦命主祭官青州副都统德克吉纳岱庙致祭碑

（碑阳）

维光绪十六年岁次庚寅九月朔越二十日丁亥皇帝遣青州副都统德克吉纳致祭东岳之神曰惟神震域崇封位号原尊于四岳鲁邦作镇威仪特视乎三公朕躬揽万机首逢初度窃念临御以来瑞云东现霖雨朝敷齐烟则九点腾辉海日则重轮耀彩兹当行庆之始宜修遣祀之仪用荐馨香特申昭告所冀祥徵松柏探玉策以长新灵控河沂奠金瓯而永固尚其歆格鉴此精诚

（碑阴）

钦命主祭官青州副都统德克吉纳

香帛官印务章京镶白旗佐领世袭云骑卫晋祥　陪祭官泰安府知府康敉　陪祭官泰安营参将恒山　陪祭官泰安县知县江瀛　执事官泰安营守备于鹤清　执事官泰安府教授王怀曾　执事官泰安县训导丁凤仪　执事官泰安府经历林寿慈　执事官泰安县县丞陈传经　执事官泰安县典史车鸿勋　执事官泰安营把总周振甲

292. 直隶等处承宣布政使司布政使裕长恢复文庙礼乐记事碑

……肇兴上痒下痒之制夏校殷序因之损益至周而天子辟雍诸侯頖宫诸侯始立学必释奠于先圣先师大合乐月令载仲春上丁命乐正习舞释菜……所祀何人书阙有闲矣汉高祖十二年过鲁始以太牢祀……释奠祀……太学称先圣嗣是厥后虽封谥屡殊典礼不一而凡立学者皆崇祀……孔子自唐以前乐舞无可考高宗武德七年诏用太牢六佾开元中奏宣和之乐宋乾德中奏武安之乐元因宋制未改类皆行于国都用之阙里未及外郡有明释奠先师孔子特令儒臣更制乐章制大成乐器以颁天下学宫□祀典基备我圣祖仁皇帝御制律吕正义重造中和韶乐高宗纯皇帝复亲与儒臣张照等较量黍尺斠斛毫厘考定中声续纂乐章字谱诏谕近臣将直省文庙乐谱暨乡饮酒礼乐章交武英殿刊印成书颁发天下各省郡县次第遵行虽边徼荒陬莫不涵濡圣者鼓吹休明然或阻于器数之难备或囿于律度之难娴或一时灿著久渐沦亡有废莫举比比而是翳惟畿辅直隶京师上承太学为诸省冠遐想当年钟镛羽籥依永和声应九成之雅奏俪三雍之上仪辉映成均定称观止乃百余年来虽春秋举祀仍循旧规而已乐器残阙节奏紊乱容止舛错岂修举之无人欤实官守之失讲也今天子御极之十有五年余以菲材旬宣畿甸次岁二仲从事骏奔睹兹废坠愍焉不安爰请于制军李爵相遴择留心古学博雅宏通之员得吴太守焕采令偕郡县守令校官等网罗放失参订异同聚集乐生舞童朝夕讲习自庚寅十月迄辛卯

正月焕然一新犁然毕具计增制大成钟一鼓一应鼓一并旧存之编钟编磬镈钟持磬葺而新之簴业悉增惟备柷一敔一搏拊一琴六瑟四案座惟备埙二篪四笙六排箫二箫篴各六麾旌各二籥翟各三十有六驾插惟备神幔一襕衫百有八冠靴各四十有一箧笥惟备丹漆金饰缋画丝绣各极其良縻金钱五千贯有奇今年二月土丁举行春祀悉如仪又虑旧典甫新积日易弛复严立章程以期久远其庋收乐器教演歌舞专责礼生司其事乐器藏府署祭前五日礼生请于府而启取焉祭毕仍扃收□遇秋爽一出□之鼓舞则以时教肄勿令稍怠春祭自季冬望始秋祭自孟秋朔始传集诸生童于三六九日诣庙布演礼生四人月有饩每祭葺细件添购杂物外有□（赀）演乐□生每个各有酬乐舞歌童仍循旧例由四义学师教习每祭各有奖学胥迁运乐器赁人荷担各有赏共计岁需银二百两著为则祭前十日礼生请于府府请于司而发交焉祭之□日如数分给其有乐器损失歌舞舛错均惟应官人是惩以此垂远永永无坠踵而行之扩而美之所冀于后之君子焉列郡州县傥能以次修明循行弗替愈为使者之所厚望今幸会垣文庙钜典重新赖诸君子相与有成不可不寿贞珉以示来许并将新增诸器所縻钱币与此后章程岁需定数分列碑阴用垂久远董其事者直隶候补知府吴焕采襄其役者保定府知府朱靖旬清苑县知县赵映辰保定府学教授凌云训导孔昭铖礼生教乐者王桂森郝凤岐王鹏举姚文炳例得备书

大清光绪十有七年岁次辛卯季春之月直隶等处承宣布政使司布政使长白裕长敬立

河间纪钜湘书丹　太仓徐鄂篆额　定州李□堂刻石

293. 授原任墨尔根头品顶戴副都统格绷额为振威将军封妻伊尔根觉罗氏为一品夫人诰封碑

奉天承运皇帝制曰任重岩疆鹊印畀元戎之寄职司军务虎符分上将之猷并仗节乎师中咸建牙于阃外尔原任墨尔根头品顶戴副都统格绷额夙习韬钤素称材武出师以律精严细柳之营驭士有方踊跃前矛之气控百城之锁钥巩千里之金汤庆典式逢宜加纶綍崇褒洊锡用表勋猷兹以覃恩授尔为振威将军锡之诰命於戏肤功茂著期勿替夫成劳宠命丕承庶益恢夫英略恩斯不靳绩用加勤

制曰树盛望于朝家固赖干城之佐采麻声于房闼尤需女士之贤特焕纶音用昭恩眷尔原任墨尔根头品顶戴副都统格绷额之妻依尔根觉罗氏敬以持身勤能主馈夙规雍肃曾无逾梱之言宵旦箴规特勖从王之义庆流策府宠溢深闺兹以覃恩封尔为一品夫人於戏鱼轩藻丽识内助之贤明鸾诰辉光荷天恩之汪濊承兹显命毋赞素心

294. 授原任兴安城副都统衔总管穆克德布为武显将军封嫡妻崔氏继室妻扎库塔氏为夫人诰封碑

奉天承运皇帝制曰任重岩疆鹊印畀元戎之寄职司军务虎符分上将之猷并仗节乎师中咸建牙于阃外尔原任兴安城副都统衔总管穆克德布夙习韬钤素称材武出师以律精严细柳之荣（营）驭士有方踊跃前矛之气控百城之锁钥巩千里之金汤庆典式逢宜加纶綍崇褒洊锡用表勋猷兹以覃恩授尔阶武显将军锡之诰命於戏肤功茂著期勿替夫成劳宠命丕承庶益恢夫英略恩斯不靳绩用加勤

制曰树盛望于朝家固赖干城之佐采麻声于房闼尤需女士之贤特焕纶音用昭恩眷尔原任兴安城副都统衔总管穆克德布之嫡妻崔氏继室妻扎库塔氏咸能敬以持身勤能主馈夙规雍肃曾无逾阃之言宵旦箴规特勖从王之义庆流策府宠溢深闺兹以覃恩封尔等□为夫人於戏鱼轩藻丽识内助之贤明鸾诰辉光荷天恩之汪濊承兹显命毋赞素心

295. 吉林协领全福等重修吉林观音岭关帝庙碑

重修吉林观音岭关帝庙碑记

伏以允文允武常留圣迹于宗邦至大至刚早著英风于炎汉光增日月垂参天两地之名气壮山河肃崇德报功之兴隆祠载列元祀攸崇凡各处之于关圣帝君也自天子至于庶人壹是皆以敬信为本而关圣帝君之于吾民也由普天以及率土莫不被以严威吉林城西观音岭旧有关圣帝君庙庙居深山林密之中地当路转峰回之□关山逾越于兹歌蜀道之难车马攸同到此乞神威之佑而乃灵光造久几同宣榭灾余郁彼苍苔幢绿上鞠为茂草云殿青□其何以填抚神祇光昭俎豆唯我督办将军长公鹤汀前遵鸿渚再镇鸡林韦皋是□□后身早钦西塞拥麾之日朱穆留冀州□爰将有东都画像之风其心既礼肃明禋其政尤首崇祀□昭垣墉之就圮伤金碧之不辉遂独分水入功助金百鉴既为山千平地一篑先施譬造塔于诸天合□有日若郈原将钱系树且成社以称神彼颜邑徙鼎入齐尤需人而用众更仗慈悲开士手量施十笏□提大宰官身性慨助一流黄铁共得银肆千余两历时凡数月庶得事蒇百工台成九级易摧颓之栋宇风云增色于岭头表舄奕之神旗士庶蒙庥乎境内新兹庙貌且见我公彰劝忠义之心勒此贞珉并志诸君黼黻山川之业云尔

经办重修协领全福熏沐敬立

光绪十八年九月穀旦

296. 山东按察使松林泰山摩崖石刻

光绪壬辰四月既望山东按察使长白松林奉命秩祀岱宗摩崖恭纪从事官知县长沙汪廷骏县丞汉军岳龄林子员外郎福荫随侍

297. 皇清诰封武显将军玛尔汉神道碑

（碑阳）

皇清敕封武显将军玛公讳尔汉神道碑

（碑阴）

（中间）大清光绪拾玖年四月穀旦　（左下方）祭田贰处本地田头（各）一块贰垧　坟田贰处分路北一块东北一块贰垧

298. 吉林将军长顺修复完颜希尹碑记碑

吉林有事通志甄及金石杨司马同桂物色得此盖故金源郡王完颜希尹神道碑中断矣拓以视余漫灭什二三顾其事有史传未及者史言熙宗以诏赐死碑述所由则言尝以礼裁抑后大忤后旨其死后谮之夫彼妇之口之可以出走也圣人且歌焉何有于希尹也哉而世谓金石可补史阙以此抑今去碑所自立八百年有奇耳漫灭若是则以貌石质沙易泐又考古所宜知也而篆额之为左庆犹可辩书丹之为任询撰人之为王彦潜盖司马考得之古物也命锻人箱而立焉因题以识

光绪二十年岁次甲午春三月郭博勒长顺识

299. 吉林将军长顺捐资观音岭武圣庙碑

（碑阳）

钦命头品顶戴督办吉林边务事宜镇守吉林等处地方将军兼理打牲乌拉拣选官员等事恩特赫恩巴图鲁长施银肆仟五佰两环郡城之山以数十计其西二十五里曰观音岭雄峻险拔足为有事之备岭昔有古刹左为武圣庙庙之祀武圣也关以外所在皆是邵青门谓生为万人敌没而以灵为神殊域徼外之人莫不□颡乞灵恐后者其信然欤庙故规制庳隘年久益剥蚀建始年月无可考岁丙申布特哈将军长公首捐廉俸以新斯庙官吏以下咸乐书捐庀材鸠工丹垩有耀甍密矶齐阅数年而工峻登斯岭也瞻庙之聿新眂山峦之拥护其所以福佑斯民而益妥神灵者盖有在矣于是乎书

（碑阴）

恩垂百代

大清光绪二十二年荷月上浣监院僧（徐）显维敬立

300. 吉林将军长顺舍粥德政碑

镇守吉林等处长老将军德政

窃念光绪十八年水旱成灾他处固有官设粥厂惟吉省东北关厢贫民大众糊口无资我将军目□时艰推广仁慈饬总理木税事务花翎候选同知世袭骑都尉盛老爷福率同五品顶戴候选巡检委员王老爷永年于十九年正月择此庙设立长年粥厂赈济穷黎永不停止所有过往难民亦按名施放钱文二年遐迩穷难黎民幸免饿殍皆蒙再造之恩兹闻奉命视师大节启行在迩吾侪小人结衔以报诚心激动不谋而同每人凑钱数文祈委员代为勒碑以伸感戴之诚以志遗爱于不忘云颂曰

发政救荒　德胜召棠　节旄一到　定扫欃枪　班师奏凯　再惠吉疆　感怀恺泽　永无弗忘

丁卯科举人尽先教谕拣选知县抚宁王璧撰文

吉林府民籍优廪生杨敬修书丹

光绪二十年小阳月中浣谷旦　领粥旗民人等六百八十名敬立

301. 吉林将军长顺功德碑

长老□公功德之碑

公既殁矣而感公恩者愈久愈不能忘公之丰功伟业辉光史册珥笔者能纪之吾侪小人列肆而居识解浅陋更不足以赞高深然草木披雨露而向荣驷马望风飈而长鸣物犹如此岂有人之沐浴盛德而能嘿然者市井无文亦惟就身受者历言之而已公两次镇吉林光绪丁亥戊子闻圜法腐败商民俱困公曰货币之通塞有关国脉东三省乃根本地物土丰厚坐令凋敝日甚守土者之咎也乃为精意规划酌盈剂虚体察入于纤微限制不逾分寸未几锢蔽尽除阛阓富有吉市旧有应官银原抵换俸饷而设行之既久吏役往往籍端渔利颇形烦琐公察系陋习悉罢之如斯之类指不胜偻而其表表大者庚子之变东陲鼎沸势不可终日公不避危疑不动声色毅然以一身维大局使公出其神勇岂不能与大力者抗衡公察时事之所在宜守道也则为正气以镇慑之苦心以绥戢之内外协和四民得不失业凡在吉境受廛而居者安饱之福皆公所留遗也丰盈之庆皆公所锡予也盖当群情震撼之际公稍一轻举则亿万身家不保矣安有今日哉朝廷报

功崇德血食一方远近输资若恐弗及逾年祠成规制崇宏观者感泣微公有是德焉得有是报大学有言君子贤其贤而亲其亲小人乐其乐而利其利公可以当斯语而无愧夫是乐也是利也亦大矣溥矣哉

大清光绪三十有二年岁次丙午九月穀旦

302. 皇清诰封刑部侍郎胡什他家族碑

（碑阳）

碑胡为乎而立也曰序齿也齿胡为乎而序也曰志忘也曷忘乎尔曰支之繁也墓之多也承其嗣者或不能识其祖之墓之所在也于是立碑于祖墓之前镌其名讳既派别而支分自有伦而有序俾后之人指而目之曰某也祖某也宗某也厥考某也□□伯叔也兄弟也瞭如指掌也儿曹也孙曾也罗若诸宰也诚如是也虽十世以至百世亦不至或愆或忘也此齿之所以序也此碑之所以立也

大清光绪二十年桃月众嗣敬等立

（碑阴）

辽阳厢红旗界白云寨阿家沟系盛京正蓝旗满洲焉（哲勒）氏

始祖　皇清诰封刑部侍郎讳胡什他

□□□　部员外郎加一级阿赖　费氏　莫氏　高氏

三世祖　防御哈什图　黑子　笔帖式阿什图　兵额什图　领催胡什图

四世祖　散泰　赞礼郎□安　□平　富□贵　七□四　七□五　德□□　八□　八十□　吉□□　吉□□　广□□　广□□

五世祖　五达色　六达色　保青　保玉　巴哈　所太　所平　所保　所敬　所宁　所明　所亮　哈唐阿　图保　克兴厄　哈达那　□明　□东阿　四达色　三达色　二达色　大达色　闫立基　林太

七世　佐领都隆阿　库达多隆阿　领催丰伸　领催锡普科　林福　艾明阿　林禄　林祯　依明阿

八世　领催保福　五品前锋保昆　六品兵保仓　吉力杭阿之灵墓

戌山辰向

大清光绪二十年三月

303. 福州将军钦差大臣会办东三省练兵事宜吉林穆图善专祠碑

王考先将军果勇公之薨越十年矣孙那福于丙寅夏以修墓事竟道吉林还都适先将军专祠落成之三年入谒丹楹严闷神志肃然思厥先将军战关陇榷闽海镇吉林而又练兵使事薨于乌拉城天子予谥褒恤恩礼有加以如□先将军之勋绩彰于朝而光于史矣吉林士大夫以为卒于王事也请于将军鹤汀长副都统森堂富公以祀事疏闻旨曰可癸巳置地城东崇文书院之西专建祠宇浩浩工程共縻白金五千余两而主其事者长富二帅暨翼长富君与总监修建者协领春君海骁骑校张君致和经理妥善为修费之金则集自长公以次诸同僚之捐资以侑祀事聿肃昔退之袁氏先庙碑云无细大无敢不敬畏无夙夜无敢不思勤成于家进于外以立于庙予小子□食郎署十有余年追念先将军之勋绩而不克负荷今邦士大夫之治于报响也能无诵退之碑文而惕然乎春君张君以那福为所自出□（谂）以建始岁

月集金姓氏为宜勒诸于石用敬志之　孙男那福谨撰

304. 福州将军钦差大臣会办东三省练兵事宜穆图善福州汉文圣旨碑

朕惟岩疆作镇眷鞠躬尽瘁之臣册府书勋重崇德报功之典播隆恩于弈叶嘉成绩于当年艰巨克承旌扬宜至尔福州将军穆图善秉资桓武赋性朴忠从戎历三十年转战越八千里冯异本起家主簿张宗能制胜偏师初从河朔之郊继入汉南之域孙吴韬贯黄巾闻名而自哗关陇威加白帽相谓以无反锡之勇号功在先朝洎乎建节闽中誓师海表岛酋犯顺郊垒戒严仗钺以麾战士识凿凶之义湛船而渡将军有必死之心时则犄角不支藩篱误撤狎敌之渐议夺于养威持险之谋勇乖于重闭既堕犬羊之诈遂惊鹅鹳之军惟尔前茅独撄固险据胡床而坐垒口誓已忘身布铁藜而塞归途义无反顾卒能好整以暇易败为功似此孤忠足风有位矣属以三边筹备万里移旌况瘁不辞规为甫定据鞍矍烁时存报国之心建策便宜特著屯田之议方冀销兵虎落屹若长城何期掩景蛩弧摧兹大树既殊施于加奠更荣赐以易名象厥生平谥曰果勇於戏名高海峤部民留堕泪之碑气作山河国史定褒忠之笔伟哉远略耀此贞珉

翰林院编修臣郑叔忱沐手敬谨书丹

305. 福州将军钦差大臣会办东三省练兵事宜穆图善福州满文圣旨碑

（碑文与汉文碑相同）

306. 福州将军钦差大臣会办东三省练兵事宜穆图善齐齐哈尔御赐碑

（碑文与福州将军钦差大臣会办东三省练兵事宜穆图善福州汉文圣旨碑相同）

307. 副都统靖边军统领明顺重修吉林小镶兰旗屯关帝庙碑

（漫漶严重难以识别）

308. 四川军务大臣太子少保尚书衔四川全省提督格洪额德政碑

（碑阳）

四川军务大臣太子少保尚书衔四川全省提督军门总统毅字马步全军二等轻车都尉世职格洪额巴图鲁□老大人之德政碑

德洽闾阎

大清光绪二十五年桃月社乡民人等恭颂

（碑阴仅能识别少数文字）

309. 诰赠通议大夫他塔喇氏富绅布墓志铭碑

皇清诰赠通议大夫他塔喇公墓志铭

会稽丁茂祖篆盖　丁酉科举人会稽施世杰撰文　伯都讷附生叶朝典书丹

吉林岩疆帝东屏而天下之雄也其山瑰丽其土凝肃其水莽荡其物产英诡其人沉雄多大略往往有官不过一命名不挂勋籍孝于其亲忠于其友急人之难毁其家而不顾者他塔喇公其一也按状公讳

富绅布姓他塔喇哈拉祖德庆佐领考富春皆封如公官祖妣关佳妣札拉哩皆封淑人公幼而孤露侍祖妣关佳太淑人及妣札拉哩太淑人能先承意志得欢心甘旨奉养无缺继而祖妣太淑人龙钟婴疾支离衽席转辗需人而札拉哩太淑人复伤明公朝夕侍奉料量家事仰事俯畜皆公一身任其重而公不以为苦十余年如一日乡党称焉两太淑人相继殁公躃踊呼号如孺子哀祭先未尝不哭泣时吉林马贼方萎诚勇公讳依克唐阿奉命讨贼与公有连知公坚忍悬挚能任大事邀公佐军公慨然诺随至高阳树忽遇贼千余人大噪猛扑公戒众勿动少选贼懈遂发大炮诸火器继之光焰蔽天贼尸抛满崖滏公乘怒马与众缚群酋马贼悉平公秉性淡泊不愿为名利缚遂告归以耕读课诸儿遇戚友艰难告急于公者公悉索敝赋以应不足复鬻所耕田代偿之家遂由是中落公仍迴然自得毋悔意毋戚容尝诲诸子曰周礼以九两系邦国之民八曰友以任得民又曰以六行教万民孝友睦姻任恤杜子春曰田任朋友之事者任也者侠之先声也侠尚意气恩怨太明儒者不肯为任则周公之道也古之任者吾不敢居吾亦体周公之道耳公言如是足以风示末世粹然忾然其即古之任者非与丁此之世患难不相急豪杰罹患难则正言庄色厚貌以益锄之虽有骨肉之恩夙所卵翼之子飘然绝裾远引事外以视公则倜乎远矣迄气距公殁已数十年而戚党邻里言之犹有感且泣者遗泽之感人为何如家居二十余年复为依诚勇公函促赴珲春佐理庶政甫一年而卒于军次年四十有六公配依尔根觉罗封淑人后公卒公有丈夫子三喜升披甲以毁卒荣升骁骑校魁升附生候选知府女公子一适成氏多禄乙酉拔贡候选同知孙六宝骉宝森宝鑫宝垚宝嘉宝矗以光绪二十五年九月初三日奉依尔根觉罗太淑人公合葬于吉林关门山屯东山麓祖茔之侧荣升等因墓文未具乞书于碑铭曰

璞之瑟瑟外有文也镠之沈沈中有坚也君子肖之以事其亲也于乎欲事亲者考斯欲交友者考斯斯人而不承孰为大道

310. 诰赠通议大夫富绅布妻依尔根觉罗氏太淑人墓志铭碑

光绪二十五年七月国楫侨寓沈阳吉林星阶太守造门稽首而言曰先太淑人弃养已年余今将归合葬于关门山屯东岗卜兆有日冀君一言掩诸幽敢以请国楫与太守交甚相得不敢以不文辞乃按状而志之曰太淑人氏伊尔根觉罗世居吉林城南鳌哈达处士苏明阿公长女生而淑嫕父母奇爱之年十六归赠通议大夫他塔喇哈拉富绅布府君通议公家故贫当太淑人入门时祖姑病已极太淑人屏妆视汤药惟谨姑又积劳失明凡家事缓急与通议公谋鬻钿珥以供晨夕不敢闻于老人未几祖姑相继殁相通议公殡葬如礼遇祭日洁诚奉祀无异事生者通议公好施济虽飧飧不给有贷靡不与乡里号曰善人则太淑人内助之力居多太淑人持家俭以勤簪蒿裙布井臼躬操昼种蔬绕墙垣如隙地夜则篝火治机绞以为常子女继生食指益众兼以婚事送应从不以贫告人人亦忘其为贫者光绪八年通议公有珲春之役而家政悉赖太淑人维持越明年通议公殁于珲讣至痛不欲生晕厥者久之痛定乃集诸子而谓曰夫死妇殉方尽礼奈汝等均未成立教育需人我死如汝父后嗣何汝等各立志显扬先世则我庶无愧汝父于地下矣闻者无不堕泪又明年次公子荣陧赴珲扶通议公柩归未葬长公子喜升以哀毁卒逆境叠遭衷怀益苦既而次公子荣升谋食于珲春黑龙江星阶亦以诸生投效诚勇公依克唐阿幕中中日事起星阶随诚勇公东征到奉督理后路粮台当是时子既远征女犹待聘力持门户其艰苦有非寻常比者迨和议成就养沈阳嗣因嫁女奉归里第星阶仍至奉办理饷事以积功晋太守加三品衔已而太淑人以疾卒国楫闻太淑人临终谆谆忠以报国以孝传家为诫呜呼太淑人持清白之家以孝事亲以顺佐夫含辛

满族碑石　八旗满洲卷　1123

茹苦教育后昆数十年如一日盖亦士大夫所难能也已太淑人生于道光十五年正月初二日卒以光绪二十四年四月初九日享年六十有四覃恩诰封子三长喜升逝世次荣升三魁升即星阶太守女一适成氏竹山司马名多禄孙六人铭曰

猗贤母之壶德兮实有令名昭昭在人耳目兮何待铭于后生维彼东冈封公所藏合葬于是子孙永康

311. 皇清诰授建威将军头品顶戴镇守吉林三姓等处副都统保成神道碑

皇清诰授建威将军头品顶戴镇守吉林三姓等处副都统显考保府君讳成公神道碑

府君保公讳成字秩西姓库雅拉氏吉林满洲正红旗人曾祖讳伊尔通阿公云骑尉世职祖讳色通额恩骑尉世职父盛公讳德恩骑尉世职均以府君□封建威将军府君由承袭恩骑尉于咸丰十年以委参领出征直隶山东河南湖北江苏等省剿捕发捻各匪每战奋勇争先冲锋陷阵随军转战克敌无前屡歼巨寇叠克坚城功勋卓著为督师亲王僧大帅曾公李公所倚任历委营总统领总理剿办捻匪钦差大臣马步各军武营务处历保兰翎防御花翎佐领尽先协领副都统衔于同治九年凯撤回旗光绪三年委为吉林练军营总驻于长春弹压地面严辑马贼黎民乂安八年补授珲春正红旗佐领九年委为练军统领带队剿捕各处马贼累获著各匪首即邻省要犯并为协力拿获伏莽因之敛迹四境赖以安宁历蒙将军铭侯希上其功奏请部从优议叙十年调委靖边右路统领十二年拣放拉林协领驻防珲春烟集岗数年整饬营伍训练官兵昕夕筹劳不遗余力壁垒一新缓急可恃而右路一军遂为边防全军之冠矣十九年以俸满送部引见奉旨以副都统交军机处记名简放二十一年调省城正黄旗协领二十三年奏派办理吉林军务马步全军翼长嗣因剿办吉林各属积年马贼蒙将军延奏请赏加头品顶戴并值军政大典复经军宪以操守廉明才具优长弓马娴熟年齿虽老精力未衰荐举卓异奉旨允准由部注册如有缺出开列在前具题补放二十四年奏派署理伯都讷副都统下车伊始□力整顿盗清讼理吏肃民安权篆虽止数月而风俗丕变治理一新矣至是年六月拜补授三姓副都统之命姓城隅处俄界为吉省东道屏藩最为紧要之区府君莅任以来禅心治理举凡兴利除弊安民整饬旗务办理交涉一切乂安百姓之计绥靖闾阎之方莫不纲举目张次第犁然毕举由是令行法肃外攘内安远迩想望日臻上理乃以宣力有年积劳致疾随于光绪二十六年五月五日终于任讣闻朝廷恻念劳臣饬部优恤春秋六十有二府君禀质刚直血性过人居家克孝待人以诚为□□大体不尚苛细论事守正不阿不为浮言所动交友则敦尚气节始终不渝御下□□而有思人皆乐为之用自结发从戎即思奋不顾身竭力图报近年位望日隆时事日棘则为国为民之心愈固结莫解心竭尽忠诚以身许国至于身家姓命则有所不计也惜天不假年未竟厥施命也历官任内共得加级记录十二次诰授建威将军原配赵氏诰封一品夫人继配高（氏）刘氏夫人尚庆康健生男子一即不孝魁喜女一尚幼府君于光绪二十八年卜葬于吉林城西祖茔窀穸既安丰碑矗立事迹常昭永垂万世

男魁喜叩首谨撰

大清光绪二十八年岁次壬寅仲春上浣榖旦敬立

312. 瓜尔佳氏石河寨墓志碑（一）

（碑阳）

瓜尔佳氏墓志云尝思人生之初莫不有祖也者后人之所由生也粤自始祖穆哈达世居瓦尔喀地

方与札尔赳同族其曾孙噶锡屯于国初同族众来归投为厢红旗满洲恩赐二等轻车都尉设佐领令其子业楞额统之业楞额之子洪什庐由护军参领从征云南入缅国至阿洼城获伪桂王有功授云骑尉后征察哈尔布尔尼于大卤地方屡败贼众复招抚一千三百余户叙功优授为三等轻车都尉历任副都统卒其子隆科袭职故此由来居京迨七世祖防御哈占八世祖笔帖式佟住五品典仪昌格移葬奉天辽左石河寨东偏卜葬祖茔始祖哈占之墓迄今合葬者以历七辈凡我子孙俱分昭穆而葬以示后世千秋可得而知焉是以建立石碑以志永垂不朽尔

大清同治二年六月吉日敬立

五世孙巴扬阿　乌达气　玉住

六世孙英得恩　刘保住　拉住　花达保　安银　贵喜

七世孙兵宜兴阿　兵乌尔得科　原任骁骑校景禄　六品军功祥林　那福

八世孙　兵德福

（碑阴）

一户仆人护坟□人刘禄

瓜尔佳氏文林郎佟住遗留给予祭田册地贰拾日开列于后

计开地段落四至

代家堡东地一段一日南至道北至河东至河西至胡同

南山下地一段二日半南至山坡北至代姓地东至本地西至道

又一段地三日南至山坡北河东至本地西至代姓地

又一段二日南至山顶北至河东至关姓西至本地

三道河一段二日半南至道北至石墙东至穆姓园墙西至记石

又一段地三日南至山根北东西俱至佟姓地

塔沟地一段共五日南东至河北至石门西至道

茔内旧有松树七十余株

坟丁人刘金库　刘金财　刘□　刘□　刘德金　刘德银　刘德庚　□□□　□□□　□□□　□□

313. 瓜尔佳氏石河寨墓志碑（二）

（碑阳）

盖闻先人有功后人述之述之不尽复使后世相传久远而不忘也溯我瓜尔佳氏自始祖穆哈达长子歪他世居瓦尔喀地方于国初同族众来归为厢红旗满洲恩赐二等轻车都尉设佐领令子业楞额统之业楞额之子洪什庐由护军参领从征云南入缅国在阿洼城获伪桂王有功授云骑尉后征察哈尔布尔尼于大卤地方屡败贼众复招抚一千三百余户叙功优授为三等轻车都尉历任副都统穆哈达之六世孙哈占原任防御后升城守尉哈占之子佟住由京迁移盛京驻防原任笔帖式后升户部郎中佟住二胞弟哈拉原任副都统三胞弟福州原任三等侍卫佟住之六世孙祥林由前锋从征连镇破贼有功赏六品军功候补骁骑校复在王大人屯击贼阵亡蒙恩世袭云骑尉三世三世后降袭恩骑尉世袭罔替至今祥林公之子喜春承袭斯职现任盖州防御兹者茔垣荒芜合族不忍坐视于是公举坟达名国茂为人公正从此修理复使四时祭扫依然如故而不缺耳是为志

老坟达国茂

公举坟达景堂 景一

万宝 万全 升春 万令 万福 万库

永鳌 永惠

文芝

大清光绪三十二年十月穀旦合族敬立

（碑阴）

告示

合族人等知悉重立新章自今以后祭田册地准其被价抽回再不准典当所有茔垣四至以内亦不准放火私自进茔刊伐树木牲畜一概不准进茔如有外姓并族内人等故犯者一律照章办理決不容情

罚例开列如后

一有故犯者肥猪一口重一百斤粳米二斗海尖纸一块金银箔十块香供俱全

坟丁人刘祥之子刘德金　银库　之孙刘常富　贵有

314. 两江总督端方命保护南京明孝陵碑

（碑文大意）

鉴于明孝陵内御碑及附近古迹历年破坏毁损情况严重端方总督大人下令竖立围栏对其加以保护游人越栏参观或可能对前述御碑及陵区古迹造成损坏之行为一律禁止

315. 驻防新疆巴里坤城都统纳尔济保安碑

保安碑记

惟清同治初西域变乱全疆沦陷孤留坤城蕞尔一区万难独立当时满汉文武诸公力挽危局合衷共济于是援伊吾拯渠犁薄阜康救车师已故满汉精壮之士相继伤亡又值灾歉频仍警报迭至自同治四年六月大股劲敌挟伏强袭我坤逼近满汉两城期必屠戳幸赖都统纳尔济　提督何琯　领队大臣伊勒屯　总督陈升恒　统领张和 孔才　协领庆寿 达三布 富林布哈 福尔罕 鄂勒斋图　佐领伯恒 多贵札勒 哈苏 巨庆 哈隆阿 芸祥 阿里屯 三音布英魁 桂英 恭纲布图 塔布喜克德 阿穆克德 惠麟 恒麟 善祥　游击孙渊椿 芮琳 高吉富 李凤鸣 徐学功 倭江布　知县郭风　都司张继功 苏克敦 赵璞 智祥以及八旗各营官弁绅商等奖励其士勉以忠心又复亲历戎行誓同生死率少数枵腹之士卒敌万众虎狼之残暴而卒能屡克胜捷者诚籍国家之洪福神灵之默佑尔迨光绪初年景颜扎公左文襄公刘襄勤公金忠介公先后奉诏联师出关恢复新疆破安肃走戈壁因援运维艰飞檄镇西文武聚草屯粮巨资接济迨大军继至以巴里坤为前线之根据地始得分兵南北进剿以至全疆克复边境艾安追忆诸公当日誓守孤城之功绩岂小也哉爰将诸公衔名并维持之苦心不忍湮没特为表扬勒诸石以垂不朽（略）

巴里坤协镇都督府多凌敬志并撰　吏部拣选知县孙光祖敬书

中华民国六年清和月勒于镇西县城南岳公台之山阴

督工刘定邦　史怀玉　于德元

316. 奉天省辽沈道道尹荣厚去思碑

荣公厚道尹去思碑记

辽沈道尹长白荣公厚在位六年治县之属二十有二而治所在营故营之人戴公之泽最深而知公之所以为政者倍详于其去日商民相聚谓曰夺我贤尹矣交走大府陈书乞留不获则又驰书以席于广生曰果夺我贤尹矣予善尹久傥能为文以纪尹之贤而志吾侪之慕思乎愿砻石竢之子其毋让广生则唯唯不敢固辞乃言曰道尹古刺史阶也职在观民风察吏治而庶政之琐琐者不与焉营邑滨海负河轮轨交躅市舶贾廛鳞萃而鳏处商务繁盛常甲于东方官斯土者又必廉于商情周知中外贸易丰约之故与夫货弊轻重赢缩之所由然后施之于政而无不宜措之于事若圆中规方之范矩也初公之莅营也规画地方之利弊完其当兴当革者以为欲振商利莫先于浚辽河欲蠲商困莫急于平炉银之价而制为法价盖自辽河淤塞而营口商场浸为大连所夺其赖以维持不废者则以东省交易多以炉银而市银皆集中于营埠自通商约百年以来未之变易公于是首建浚辽之策洒洒十余万言多见施行复布条教整饬炉银公会严其稽核凡商人貣贷必以实毋或跖虚以罔市利抵卯期必遵法价偿之不及法价者则倍差其罚以故银价初贬终已平进驵侩不得操其奇赢商业渐兴矣西义顺昔营商巨擘也积资愈千万比年懋迁不竟恒苦中乾公隐忧之时举粤商东盛和往辙用相督监戊午岁尽果以亏负中外巨款报闻公急谕止债权人不得私相争索而借其资产之数于官以待处分是时诸储户议论纷呶各谋其私外商持之尤力大府复委员查办各标一义久不能决公以为所藉资财与债额不足相抵若援破产之律而锐减以偿则损失过巨牵连而辍业者必多势将浮动波及大局非计之得也善为计者与相两害而俱伤孰若两利而并存乃筹兼榷并顾之策按其债额立息券得互相流通而别设公益银号为之经纪按期收券是负债者复业如初中外诸债权者予毋无亏而市不扰商情翕然莫不悦服咸曰非公之精思毅力不及此也盖公之为政事无纤矩必穷究其本末务批却导窾使犁然悉当于心而后已其事官事也恒钧重于其私好昭晰事理广庭论事每发抒己意以屈坐人人亦卒折服之生平操生不苟崖岸自峻不可以私干治辽六载屏绝馈遗俸钱所入不足取给解组之日书剑萧然妾无重帛庭无泽车呜呼可谓有古廉吏风者已公之来以甲寅七月其去以己未七月距今越三岁营之人思公之遗爱愈久而弗衰爰树之碑碣俾勒诸丹以永其慕思若夫观风察吏凡官守所当为则公已靡不为之故不备著其关于民生商业之大者庶昭兹来祀而有所考云

民国十一年　钱塘钟广生撰文　金州李西书丹并篆额镌石

317. 定南将军德音墓志碑

（碑阳）

壬山丙向

清故定南将军姜公讳德音　佟氏　徐氏之墓

男哈什泰　依什泰　爵瑚图　瑚什布奉祀

（碑阴）

清故定南将军姜公墓志

公讳德音姜佳氏二世祖也父讳有公归附后隶满洲正黄旗清太祖嘉其□□（慕义）授建威

将军屡立战功赐巴图鲁勇号居辽东二十年征旅顺朝鲜皮岛锦□□（州松）山杏山中后所前屯卫继入山海关从击李自成抵潼关大破其众功绩懋□□（著卒）谥恭顺二世祖克承先志自少从军勇敢善战初任骁骑校尝率兵数百能□□（克大）敌太宗嘉其勇犒赏频颁康熙初历任左都御史累擢至正黄旗都统百粤□□（未附）特命为定南将军督师往讨首定湖南旋下两广及师入云南兵分势寡征□□（调不）及力竭阵亡事闻蒙赐祭葬予世袭云骑尉葬于凤凰城南老虎洞谥曰武□（壮）□戏致身事主为国捐躯名著旗常光增谱牒后之子孙念昔先人继志述事□□家声□耳

大清康熙四十一年三月毂旦建立　原碑残缺康德七年十月初一日……

318. 绥北将军依什泰墓志碑

（碑阳）

（伪）康德……

清故……

（碑阴）

清故绥北将军姜公墓志

公讳依什泰满洲正黄旗人……德音正黄旗都统定南将军……灵智识超卓雅度容雍性□……赞此及师入滇南分兵应战……卒致敌军气馁弗敢正视事……地以慰泉灵复蒙熙朝恩□（喜）……驻防法库三弟爵瑚图镇守……人事亲弗缺垦田以裕宗□……绵哲嗣辈出宜也公虽退守……世焉兹恐年久代远湮没无……

319. 副都统爵瑚图墓志碑

（碑阳）

（伪）康德七年十月初一日毂旦敬立

清故副都统姜公讳爵瑚图　苏氏之墓

男插力泰　诺穆奇　雅儿泰　八十五　买（满）坎奉祀

（碑阴）

清故副都统姜公墓志

公讳爵瑚图满洲正黄旗人也祖讳有公建威将军父讳德音正黄旗都统定□（南）将军华盖相晖荣光照世公禀阴阳之纯精含五行之秀气识量冲远雅□高奇世袭云骑尉自幼从军战功卓著历官至副都统钦加一品衔羽翼天朝□藩王室南中未靖东北空虚特命镇守辽东驻防凤凰城早邀列爵之荣统□□而安内旋被干成之选娴劲旅以防边丕著成劳光昭令誉迨至四方底定天□清平正拟解甲归田愿乞骸骨讵意移兵屯垦难卸仔肩永固关外之藩篱实□辽东之保障披坚执锐保境安民二十年如一日公之心常存君国公之德□□生民终以积劳成疾而卒于官兹恐年湮代远泯灭弗彰爰举生平事迹勒□珉树丰碑于墓侧扬伟绩于千秋云

320. 领催色钦墓碑

（碑阳）

皇清例赠姜公五世祖考色钦　妣陈氏之墓

光绪十八年十月初一日立

（碑阴）

长子　僧保系领催住大沟后街

孙　崇德　昌德　官德　六格

十世孙　万成　孟□　兵恩奎　兵恩海　永恺　永福　永海

十一世　姜宽　海清阿　海令阿　八五　奎升　奎俊　奎明　奎多　奎德　兵奎英

十二世　吉升　吉太　长有　双隆　双宝　呈祥　呈治　呈禄　呈寿

十三世　成□　庆有　福□

次子　麻色原系兵住大沟前街

孙　奇明阿　奇昌阿

九世孙　奎　云　财　春

十世孙　永太　永兴　永庆　作霖　景会　郭六　永信

十一世　奎令　奎林　□祥　□□　玉合　玉田

十二世　□成　满福　庆福

三子　六十四原系兵住套岫峪

孙　乌云那　国成阿

九世孙　孙福隆

321. 通化镇守使刘崇元墓碑

显考刘府君讳子衡生于光绪十年九月十九日寅时世居兴京二百余年同炊九十六口幼年攻读迨癸卯年析居后家道几乎中落乃以赋性刚直不避艰辛勉由奉天政法学堂卒业遂入宦途二十余载清慎勤俭渐称小康不意操劳过度于康德五年七月初一日逝世享寿五十有五显妣赵太君生于光绪六年腊月初九日亥时秉性笃厚二十一岁于归二十五岁生不孝二十七岁生胞妹贤淑孝慈勤俭异常讵于民国十八年腊月廿八日戌时寿终呜呼双亲一生茹苦含辛唯不孝自膺将校未获终养悬兴风未从劬劳祇有永承遗训忠孝传家正义持世以慰在天之灵而启我后人谨勒须于珉用垂万世

（伪）康德八年七月初一日

男文靖 孙鹏飞 鹏翔　鹏云谨立

322. 重修岳乐顺墓碑

（碑阳）

天聪八年皇帝诰命

清开国功臣岳乐顺雅吗善功德碑

(碑阴)

满洲扈什哈哩氏祖居长白山东瓜里察地女真人天命随太祖武皇帝定天下始也岳公正红旗领队官天聪七年战没旅顺城因得世职详载史册弟雅吗善代袭又升一级三世祖赫赛承袭一等阿达哈哈番轻车都尉世祖皇帝定都燕京本族驻防京师满洲正红旗四甲喇官头佐领达牛录

公历二〇〇四年立

323. 驻防热河镶黄旗满洲马甲文兴之妻关氏奉旨旌表贞节碑

大清乾隆岁次辛亥三月吉日

清故驻防热河镶黄旗满洲马甲文兴元配妻吴门关氏奉旨旌表贞节呜呼妾年十七侍执巾栉倏尔一纪夫遽早辞清贫守义五旬已齐皇家旌节表扬孀妻独我孤伶惟夫是依旌扬字样愿立墓垆死生永享庶几神怡哀哀夫主妻寔悼悲呜呼哀哉虔此告知

324. 差丁赵公武木普墓碑

(碑阳)

始祖赵公讳武木普之墓

(碑阴满文碑文大意)

谨记

始祖武木普自盛京榆树堡等处率族人迁入吉林乌拉膺差至今百余有年积善修德已达六世矣为启后昆计遂建始祖陵寝以昭慎终追远之懿意也

大清国嘉庆二年正月七日吉谨镌

笔帖式富宁阿　忠勇巴图鲁奉天副都统富桑阿　骁骑校哈福阿恭书

325. 镶白旗卧海佐领下陈满洲沙伦泰及妻季氏吴氏墓碑

慎终

厢白旗卧海佐领下陈满洲

祀男关辅玉　孙关法 关棠 关淑 关泰 关清　曾孙□□

皇清显考府君讳沙伦泰 妣孺人季氏 吴氏之墓

嘉庆拾肆年拾月初壹日庚山甲向吉立

326. 昭陵镶黄旗闲散苏发之妻马氏贞节碑

昭陵厢黄旗四品官管下闲散苏发故之妻孀妇马氏坊志

贞节

道光四年四月二十二日穀旦敬立

327. 驻防伊犁正红旗二佐领前锋小旗刚阿太墓碑

大清乾隆三十一年由凉州携眷迁移伊犁驻防系正红旗二佐领下□姓父□□□□勇前锋小旗

□□于道光五年九月初七日前赴喀什噶尔出征已尽将□生前忠勇陈列于后窃以人生斯世其身既列乎行征则战阵之□□为分所宜然仍或□□而不□□□临难而弗克捐□不惟有以□□于当时□且遗德于奕祀我亡父刚安太则不然果然□□向知有战斗之菡乎居知方岂□为偷生之乐□□也纵谓其□悍勇猛不能以冠乎三军而哉义气勃勃忠心耿耿直可以争光乎日月□□者于道光六年秋南夷叛乱有前任伊犁将军庆公带兵□剿我亡父亦挑选在内及至南夷地方见其贼众猖獗真有莫可御遏之势仍我亡父于两军对垒之际而踊跃用兵非□不计及身家□不顾夫性命而惟以□□之志自刎于疆场不意彼苍者天踈于眷顾将我亡父义烈之身竟遭夷人残忍之手□□亦已惨矣□何人斯能不□哉□能不□□刻铭以□其忠勇而传于千古□是以不惜资费命工凿石建立墓前岂□□□奠我亡父之忠勇万古千秋永垂不朽焉

□□□□（道光六年）九月吉旦正红旗二牛录男郭罗格特依敬立

328. 吉林驻防满洲八旗前锋巴克通阿等北山关帝庙题名碑

（碑阳）

前锋巴克通阿　达洪阿　富顺　倭克锦　德山　玛金泰　富勒东阿　乌尔格布　富全德　图敏　伯英　舒明阿　全寿　佟□　台明阿　英尔根保　明山保　杨顺　兴立保

披甲色克通阿　文官保　富顺　叶□青额　富青阿　富□阿　依常阿　田亮公　赛宾图　□青阿　□□阿　法克金保　冯仁　龙泰　□柱　英德　德凌　英泰　舒明额　常海

富勒洪额　高国泰（以下略）

道光九年岁次己丑仲夏月穀旦熏沐敬勒

（碑阴）

披甲舒凌额　扎隆阿　特依松额　额勒登布　额精阿　托金保　连德

闲散高凌阿　乌凌阿　和保　阿林泰　兴安　涉林保　音才保　双喜　丰盛额　全成裕图肯　吉□□额　舒明阿　额勒金泰　格绷额　阿里善　丁桂　达冲阿　双喜　高亮　明春（残缺）那□□　关英常安　双保　常寿保　德山　富明　巴里善　特钦保（残缺）富官保、什保、张秉存、巴青阿（以下略）

329. 驻防拉林正红旗甲兵乌兰保之妻乌扎拉氏旌表贞节石牌坊

（碑阳）

（正门额题）　圣旨　旌表贞节　大清道光十三年四月吉日敬立

（左门额题）　精金　正红旗已故甲兵西特胡里氏乌兰保之妻孀妇守节五十四岁以照贞义

（右门额题）　洁玉　正兰旗甲兵额勒德木保之女乌扎拉氏于二十二岁时持信守节

（碑阴满文略）

330. 驻防伊犁惠远城正黄旗三佐领前锋小旗特何布墓碑

大清乾隆二拾九年由热河携眷住防伊犁惠远城正黄旗三佐领下满洲姓氏曰□□□于道光八年住防南路噶城拾年征贼战死殉城捐躯以进其忠皇恩赏恤旌奖今持敬识基（墓）志镌石铭记以

垂后嫡庶几乎永续祀焉前锋小旗特公讳何布者示奠忠义碣铭主祭神魂英灵之墓

泰芬俸此铭敬立

道光十四年二月

331. 驻防伊犁惠远城镶黄旗前锋那喇氏墓碑

□□□□□□由□（凉）洲携眷驻防伊犁惠远城厢黄旗满洲那喇氏前锋□□□年二十九岁于道光五年跟随领队大臣巴□□前往守御南疆□□逆回之变同殁行阵恩高厚恤赏多今敬识墓志镌石以垂后嫡庶几乎永续祀典云

侄男额尔根布敬镌

道光十六年七月吉日立

332. 复州正红旗尚□佐领兵佛勒洪阿之妻曲氏旌表贞节碑

（碑阳）

复州正红旗尚□佐领下□伯什□兵佛勒洪阿之妻曲氏之坊

旌表贞节

大清道光三十年岁次庚戌十月穀旦日　男闲散大□□□□敬立

（碑阴满文略）

333. 本溪赫氏家族墓碑

（碑阳）

坐甲山朝庚向

外分金庚寅　庚申

皇清显考赫公讳国有　显妣王氏之墓

侄赫德发　孙赫永成

男赫德山 赫德峻 赫德崇　孙赫永泉 赫永福 赫永海 赫永会

大清光绪六年七月十五日敬立

（碑阴）

尝闻先人之功德必借后人以传之后人之行必赖先人以启之是知欲诏夫后来必彰厥前徽也昔我祖赫舍里氏先则穆瑚禄都督吞达礼都京正红旗富深佐领下始祖叶赫辉发发祥之地遂（随）驾喜得北京敕封护卫国公今世祖以前远年岁久因有先人失传不知原籍岂后人而迁居窑家弯子立坟茔一处又迁居辽东谢家崴子历年久居立坟茔一处自此又迁居季家堡子打车沟北山坡立坟茔一处又在季家堡子东山坡立坟茔一处上下长拾八丈宽拾六丈爰得兴隆之地以立新墓清吉善哉

334. 盛京内务府正黄旗成伍之妻白氏旌表碑

冰霜素志节烈深情一朝吊孝千古留名乃如之人自是任天任命彼姝者子旬属可表可旌原夫白氏者自幼曾许李门未归忽闻夫夭矢靡他兮守节终日昏昏含痛恨兮奔丧孤踪矫矫十年乃字仍守不

字之恒百度维贞转出女贞之表假使初时好合中道殒殇或歌黄鹄之句或赋柏舟之章想他既乐鼓钟方为敌体知此未友□□真是孤孀更有百年夫妇终身匹耦此也白头彼也黄耇宜家宜室第见其宾敬如常不后不先孰谓其遭逢不偶无如未偕伉俪先自别離守身有道矢志不移生在满洲旗中不惟白姓一门叹美归到内务府中岂止李家合族惊奇所以岁当花甲不禁为之请旨年近古稀正宜为之勒碑系镶黄旗故骁骑校常海之次女许配正黄旗李文元之次子成伍为妻至道光二十年十二日初十成伍时年十八岁竟以疮卒白氏二十二岁奔丧守制至今并已六十业蒙前任将军都奏旌表其弟向辰嘱予撰文正□为千古义事恐意不尽言言不尽意既系结义不敢不竭鄙诚

顺天府遵化州廪生许益庵撰录

内务府正黄旗□生□向辰敬立

光绪四年四月十八日榖旦

335. 南芬陈满洲瓜尔佳氏碑

（碑阳）

奉天厢红旗兼管哆啰克勤郡王包依门下壮丁毓瑛佐领陈满洲瓜尔佳氏佑启我后人祀乎其先也以天地之道先人之灵创立基业根本而分枝分派托金德以扶持赖章□□□气瑞启吟龙山明水秀宝冠华盖由始祖而生余忻忻然善卜于慈思先祖移居之重德原居于白□□□之时挟余迁移于关东奉天辽阳城东吾噜木火洛沟吉地焉先祖之故远今立碑于塚前书定来山去水□□□□向木局穴深三尺以示后术倣此而行庶无差悮卯山向酉增其秀以为后世子孙必有昌者矣勒碑铭以志示□□□□□之云尔

清故先祖考瓜尔佳氏始祖讳勒崇厄　妣烟姐

二世祖　阿尔东阿　马梅秀

三世祖　阿那库　刘氏

四世祖　五哥　肖氏　二哥　马氏　涯土　王氏　四哥　色克　六哥　孔氏　七哥

五世祖关天禄阿塞　刘氏　关天福出库　赵氏　关天贞衣色　那氏　关天祥德塞　孙氏　关天寿五拉立　李氏之墓

（碑阴经理人略）

大清光绪拾弍年五月拾五日合族□□

附录 1. 赠都统固山额驸班第之曾祖父海色为光禄大夫曾祖母敖尼特氏为一品夫人诰封碑

奉天承运皇帝制曰国有爪牙之选克宣力于旂常颁纶綍之荣必勤思于水木用褒先世以大追崇尔海色乃都统固山额驸班第之曾祖父树德务滋发祥有日敦诗说礼克垂樽俎之猷勇战敬官早裕熊罴之略兹以覃恩特赠尔为光禄大夫锡之诰命於戏懋功有赏荣则溯于所生庆典欣逢恩不忘其自出加兹宠秩尚克钦承

制曰令仪淑慎启奕叶以凝休懿则昭垂溯芳型而锡祉爰申嘉命用表慈徽尔都统固山额驸班第之曾祖母敖尼特氏温恭有恪淑慎其仪范著宜家夙禀珩璜之训仁能裕后丕昭礼法之仪兹以覃恩赠尔为一品夫人於戏紫纶贲宠惟能历世而寝昌彤管增辉庶使光前而媲美用承后渥永席隆庥

附录2. 领七品衔杭阿里氏玛仁宝墓碑

尝闻诗云慎终追远不忘先人敬重厚德遵从诚实先父玛仁宝领七品之衔殉难道光五年九月随军首出喀什噶尔六年六月征讨叛逆匪贼战死疆场尽忠报国圣主钦命列于昭忠祠载入史册以借泉下之魂先父仿效古人以身成仁漂游于空中之忠魂崭获赐封升入仙堂庄严肃穆国家褒奖功烈恩赏恤银二百两先父以忠勤功业受此厚恩嗣等追根图报思念浩荡洪恩愿先父之忠义百世不朽谨镌石立碑恭敬记载

小儿披甲墨尔格苏　披甲德普新泰　孙儿扎拉苏

大清国道光十年三月吉日

附录3. 郡守恭曾泰山摩崖石刻

光绪癸卯季春

山辉川媚

郡守恭曾书

参考书目

1.《丰台区石刻文物图录》 北京市丰台区文化委员会编 王艳秋主编 北京燕山出版社 2008年9月

2.《杭州孔庙·御书类》 杜正贤主编 西泠印社 2008年

3.《北京图书馆藏中国历代石刻拓本汇编》 北京图书馆金石组编 徐自强主编 中州古籍出版社 1990年

4.《沈阳碑志》 沈阳市文物考古研究所编 姜万里主编 辽海出版社 2011年

5.《镶黄旗满洲钮祜禄氏弘毅公家谱》 嘉庆三年稿本 辽宁省图书馆藏

6.《御制巡幸盛京诗》 （清）旻宁撰 道光朝武英殿刻本 辽宁省图书馆藏

7.《满洲实录》 辽宁省档案馆整理 万卷出版公司 2007年

8.《北京石刻艺术博物馆藏·馆藏墓志拓片精选》 北京石刻艺术博物馆编 王丹主编 北京燕山出版社 2012年

9.《中国国家博物馆馆藏文物研究丛书·明清档案卷·清代》 中国国家博物馆编 上海古籍出版社 2007年

10.《北京文物精粹大系·石刻卷》 北京文物精粹大系编委会 北京市文物局编 梅宁华 陶信成主编 北京出版社 2004年

11.《黑龙江历史记忆》 黑龙江省档案馆编 曾凡刚主编 黑龙江人民出版社 2007年

12.《〈北京市石景山区志〉漫谈系列丛书·名人墓葬》石景山区地方志办公室编 中央文献出版社 2008年

13.《通志堂集》 （清）纳兰性德撰 上海古籍出版社 1979年

14.《北京石刻艺术博物馆藏·石刻拓片编目提要》 北京石刻艺术博物馆编 王丹主编 学苑出版社 2014年

15.《拉萨建筑文化遗产》 王永平主编 东南大学出版社 2005年

16.《清史图典·乾隆朝》 朱诚如主编 紫禁城出版社 2002年

17.《八旗文经》影印本 马甫生等标校 辽沈书社 1988年

18.《中国藏学》 劝人恤出痘碑汉文碑文校注 2006年第二期

19.《本溪碑志》 本溪市博物馆编 梁志龙 崔祎主编 辽宁民族出版社 2016年

20.《乾隆皇帝的文化大业》 冯明珠主编 台北故宫博物院出版 2009年

21.《奉使图》 （清）阿克敦著 黄有福 千和淑校注 辽宁民族出版社 1999年

22.《恭建吉林万寿宫碑记帖》 （清）铁保书 吉林市图书馆藏

23.《鸿雪姻缘图记》 （清）麟庆撰 道光年云荫堂刻本 辽宁省图书馆藏

24.《1860—1930英国藏中国历史照片》 中国国家图书馆 大英图书馆编 国家图书馆出版社 2008年

25.《广州满族》 王宗猷主编 花城出版社 1998年

26.《吉林旧影·民居》 翟立伟主编 吉林人民出版社 2005年

27.《沈阳福陵志》 沈阳一宫二陵志编纂委员会编著 张金兰主编 辽宁民族出版社 2006年

28.《沈阳昭陵志》 沈阳一宫二陵志编纂委员会编著 张金兰主编 辽宁民族出版社 2006年

29.《拉林阿勒楚喀京旗文化》 王晶著 哈尔滨出版社 2001年

30.《雪屐寻碑录》 （清）盛昱 《辽海丛书》第5册 辽沈书社1985年影印本

31.《民国永吉县志》 徐鼐霖主修 李澍田等点校 吉林文史出版社 1988年

32.《钦定八旗通志》 李洵等点校 吉林文史出版社 2002年

33.《京郊清代墓碑》 杨海山著 学苑出版社 2014年

34.《清开国史料考》 谢国祯著 北京出版社 2014年

35.《营口县志》 民国十九年版 辽宁民族出版社 2008年